Margot Käßmann

Wenn die Dunkelheit leuchtet

Das Buch

Darum geht es doch an Weihnachten: die Sehnsucht wach zu halten, dass das Leben hell werden kann. Daran zu glauben, dass in der Dunkelheit immer wieder der Stern aufscheint, und dass Wunder warten, wo wir nicht mit ihnen rechnen. In einem Stall etwa. Margot Käßmann kennt die Dunkelheiten des Lebens und die Sehnsucht nach dem Licht, und sie versteht von der größeren Hoffnung zu sprechen, die zu Weihnachten gefeiert wird: Licht scheint in der Finsternis.

Die Autorin

Margot Käßmann ist Theologin und Pastorin, Bestsellerautorin und Mutter von vier erwachsenen Töchtern. Sie wirkt als Botschafterin der Evangelischen Kirche in Deutschland für das Reformationsjubiläum und lebt in Berlin.

Margot Käßmann

Wenn die Dunkelheit leuchtet

Auf Weihnachten zugehen

HERDER

FREIBURG · BASEL · WIEN

HERDER spektrum Band 6625

MIX
Papier aus verantwor-
tungsvollen Quellen
FSC® C083411

Titel der Originalausgabe: Wenn die Dunkelheit leuchtet
© Kreuz Verlag in der Verlag Herder GmbH, Freiburg im Breisgau 2010
ISBN 978-3-7831-8009-1

© Verlag Herder GmbH, Freiburg im Breisgau 2013
Alle Rechte vorbehalten
www.herder.de

Umschlagkonzeption: Agentur RME Roland Eschlbeck
Umschlaggestaltung: Verlag Herder
Umschlagmotiv: © Getty Images
Autorinnenfoto: © Monika Lawrenz

Satz: de·te·pe, Aalen
Herstellung: CPI – Clausen & Bosse, Leck

Printed in Germany

ISBN 987-3-451-06625-2

Inhalt

Vorwort

Weihnachten ist ein besonderes Fest. In den Bräuchen und Texten, den Gottesdiensten und Ritualen im Advent und in den Weihnachtstagen wird wie zu keiner anderen Zeit im Jahr deutlich, was das Johannesevangelium sagt: »das Licht scheint in der Finsternis und die Finsternis hat's nicht ergriffen« (Johannes 1,5).

Das ist der wahre Kern von Advent und Weihnachten: die Dunkelheit wahrnehmen, im persönlichen Leben, im Umfeld, in der Stadt, in dieser Welt. Und die Sehnsucht wach halten, dass es anders sein könnte, heller, kreativer, lebensfroh, ja lebenssatt. Im Advent buchstabieren wir diese Sehnsucht als Warten. An Weihnachten zünden wir Lichter an, damit die Hoffnung in der Dunkelheit spürbar, erfahrbar wird: Licht scheint in der Finsternis.

Aber oft wird das Licht in der Tat nicht wahrgenommen. Da streiten Familien. Da verzweifeln einsame Menschen. Da nimmt der Krieg kein Ende. Die Zerstörung ist greifbar. Keine Engel mit süßlichem Gesang, kein holder Knabe im lockigen Haar, sondern Brutalität, Entsetzen, Trauer und Resignation.

Mir liegt daran, Advent und Weihnachten zu befreien aus all dem Kitsch und Glamour. Die biblische Geschichte ist ja gar keine kitschige Hollywoodromanze nach dem Motto: alles wunderbar weihnachtlich. Nein, da sind zwei, die kämpfen um ihr Glück und um ihr Kind in äußerst widrigen Umständen. Es begegnen ihnen andere, die nicht gerade zur Elite der Zeit gehören. Und sie erleben Wundersames. Ihr Leben wird verwandelt.

Als Pfarrerin und Bischöfin habe ich die Weihnachtsgeschichte immer wieder ausgelegt. In diesem Buch sind einige der Predigten und Andachten zum Nachlesen aufbereitet. Mir fällt immer wieder auf, wie aktuell die biblischen Erzählungen sind. Und wie wenig sie dem Kitsch unserer Zeit, der den Weihnachtskult beherrscht, entsprechen. Deshalb liegt mir daran, diesen oberflächlichen Glamour und auch den Erwartungsdruck zur plötzlichen Harmonie, der nur überfordern kann, abzukratzen und zurück zu kommen zu der Botschaft: Licht scheint in der Finsternis. Das heißt: Auch wenn dein Leben nicht gelingt, bist du doch wie Josef und Maria. Gesegnet. Auch wenn nicht alles heil ist, bist du doch bei den Hirten. Das Licht gilt dir in der Dunkelheit. Auch wenn du den Weg nicht genau weißt, sind die drei Weisen durchaus ein Vorbild. Du kannst dem Stern trauen.

Die Geburt des Gotteskindes kann nur von Ostern her beleuchtet werden. Der Tod ist überwunden. Alle Tränen werden abgewischt und Leid, Not und Geschrei werden ein Ende haben. Weil Jesus von Nazareth aus dieser Hoffnung heraus zum Christus wurde, haben wir als Christinnen und Christen Hoffnung. Auf eine Zeit nach dieser Zeit und Welt. Aber eben auch mitten in dieser Zeit und Welt. Mitten in der Dunkelheit leuchtet radikal die Hoffnung, dass alles ganz anders werden kann. In Gottes Zukunft ganz gewiss. Aber auch schon jetzt und hier kann das Licht erfahrbar werden mitten in den dunklen Erfahrungen, die wir immer wieder machen: als Einzelne, als Gesellschaft, als Welt.

Ja, ich bin Weihnachtschristin. Aber das heißt eben nicht, das Elend, das Leid, die Trauer und die Tränen auszublenden. Sie gehören mitten hinein in die Weihnachtsgeschichte. Wenn wir das begreifen, dann leuchtet der Stern von Bethlehem umso heller mitten in die Dunkelheit unserer Welt.

Margot Käßmann

I
Sich auf den Weg machen

Immer wieder neu anfangen

Das müssen wir dem guten alten Lukas lassen, er ist ein hervorragender Drehbuchautor, in seinem Szenario stimmt einfach alles. Das macht ihm in Hollywood heute so schnell keiner nach: eine Story, die seit Jahrhunderten läuft und einfach nicht abgesetzt wird. Wir haben die alte Geschichte im Ohr: »Und es begab sich aber zu der Zeit…« Als Kind schon habe ich jedes Jahr auf diese Worte gewartet. Jedes Jahr dieselben Worte und doch jedes Jahr neu.

Neu wohl auch, weil wir selbst jedes Jahr Veränderte sind, die diese Worte hören. Wie war das vor einem Jahr? Vielleicht hat sich eine Hoffnung zerschlagen? Oder eine neue Liebe ist aufgetaucht! Mussten wir von einem Menschen Abschied nehmen? Oder unser Leben hat einen Rhythmus, einen Gleichklang gefunden, in dem es sich gut leben lässt. Wir sind Veränderte, jedes Weihnachten. Und die Welt, in der wir diese Geschichte hören, ist eine veränderte. Allein in den letzten zehn Jahren, was ist da alles passiert: 2001 hatten wir vor allem das Attentat in New York vom 11. September mit dem Afghanistankrieg, der darauf folgte, vor Augen. 2006 war es der Tsunami in Asien, 2008 die Wirtschaftskrise, 2010 das Erdbeben auf Haiti. Es ist gut und bestärkend, dass in all den Veränderungen unseres Lebens und in den Krisen unserer Welt, das Evangelium uns als zuverlässige Konstante begleitet!

Wir haben also diese alte Geschichte, die jedes Jahr erzählt, gesungen und gespielt wird. Schauen wir uns die handelnden Personen im Drehbuch noch einmal genau an:

Da sind *Kaiser Augustus und Quirinius.* Ob die beiden gedacht hätten, dass die Welt an sie nicht aufgrund ihrer Taten denken wird, sondern weil sie einfach die Zeitgaranten für einen anderen sind? An ihnen kann die Geburtszeit Jesu rekonstruiert werden. Letzten Endes sind sie, die großen Herren, Statisten im Drehbuch.

Josef. Er hat manche Schmach über sich ergehen lassen müssen. Als gehörnter Verlobter wurde er verspottet. Dabei ist er ein Mann der Tat. Tut, was getan werden muss, schützt Frau und Kind.

Maria. Lieb und unbedarft wird sie meist dargestellt. Und sie scheint gar nicht zu verstehen, was sich da ereignet. Immer muss ein Engel oder ein Hirte oder ein Weiser aus dem Morgenland alles erklären. Aber sie singt auch bei Lukas, sie weiß sich als niedrige Frau erhöht durch ihre Schwangerschaft. Doch stolz ist sie, entschlossen. Da steht gar nichts von »lieb und unbedarft«.

Die Hirten. Ja, einfältig mögen sie sein. Aber sie stehen auf, machen sich auf, haben eine tiefe Hoffnung auf bessere Zeiten im Herzen und suchen Gottes Nähe.

Die drei Weisen oder Könige. Sie lassen sich nicht beirren, auch nicht durch Herodes. Konsequent gehen sie ihren Weg und lassen sich vom Stern leiten, selbst wenn kein anderer ihn sieht.

Die Engel. Sie ermutigen alle. »Nehmt das einfach an, dass Gott mitten unter euch ist. Freut euch, habt keine Angst.« Engel begleiten alle. Auch uns?! O ja: »Fürchtet euch nicht«, rufen sie uns auch heute zu.

Das sind sie, die handelnden Personen. Wir kennen sie. Schön und gut, aber was genau macht nun diese Geschichte zu so einer besonderen? Das fragte mich ein Mann neulich per Mail: Warum feiert alle Welt das? Wo doch jeden Tag Kinder von jungen Frauen geboren werden? Es ist dreierlei, was die Geschichte zu einer besonderen macht.

Zuerst: An die Geburt des Jesus von Nazareth hätte sich ohne die Hoffnung der Auferstehung wohl niemand erinnert. Gewiss, da wurde ein Kind geboren – aber eben wie Milliarden Kinder zuvor und danach. Das ist keine Meldung wert, weder bei Lukas noch in der Tagesschau. Für die einzelne Frau, die einzelne Familie mag das etwas Besonderes sein, aber mit Blick auf das Weltgeschehen? Ich bitte Sie …

Vom Ende her erst gewinnt diese Geburt besondere Bedeutung. Wir glauben als Christinnen und Christen, dass Gott mit diesem Kind den Tod überwunden hat. »Er ist auferstanden, er ist wahrhaftig auferstanden« – von diesem Osterruf her schauen die Christen auf das Kind in der Krippe. Und wir erkennen im Rückblick, dass schon Jesu Geburt wohl von Vorankündigungen, Zeichen und Vorahnungen begleitet war.

»Kein Grund zum Feiern in Bethlehem dieses Jahr«, berichtete ein Reporter in den Nachrichten am vierten Advent dieses Jahres. Kein Grund zum Feiern? Das ist eine Falschmeldung. Denn es gibt Grund zum Feiern. Weil die Weihnachtsgeschichte eben keine gefühlvolle Rosamunde-Pilcher-Story mit Happy End ist. Sie hat nach weltlichen Maßstäben sogar ein äußerst trauriges Ende. Sie endet nicht nur wie jedes Leben mit dem Tod des unter so hoffnungsvollen Vorzeichen geborenen Kindes im frühen Erwachsenenalter – nein, sie endet sogar mit seiner außerordentlich grausamen Hinrichtung durch eine brutale Besatzungsmacht. Aber das ist nicht das Ende. Die letzte Meldung lautet vielmehr: Der Tod ist nicht das Ende, er ist der Beginn einer Hoffnungsgeschichte der Menschen mit Gott. Mitten in allem Leid der Welt setzt Gott ein leuchtendes Zeichen der Hoffnung, auch im immer wieder von Terror und Gewalt zerrissenen Bethlehem.

Jesus war schlicht ein »Weltverbesserer« meinte die Wochenzeitung »Stern« in einer Weihnachtsausgabe etwas spöttisch. Immerhin ist diese Aussage auch 2000 Jahre nach dem Geschehen dem Blatt einen Aufmacher wert. Und alle Versuche, Jesus einfach als einen von den vielen hinzustellen, »die Wandel predigten«, scheitern doch an der Tatsache, mit der der Artikel in einer Art Verzweiflungsgeste schließt: »Das Ende des Jesus wird zum Anfang des Christus.« O ja, Jesus, der als der auferstandene Christus geglaubt wird, hat eine Spur der Hoffnung in der Welt zurückgelassen.

Natürlich müssen wir auch eingestehen, dass es eine Spur der Zerstörung gab, etwa in den Kreuzzügen und in Kriegen, die heilig genannt wurden. Aber das war ein schrecklicher Irrweg, der die Botschaft Jesu bitter verfälscht hat. Vor allem hat Jesus Christus eine Spur der Gewaltlosigkeit, des Friedens gelegt. Eine Spur, die die Botschaft von der Gottebenbildlichkeit jedes Menschen und der Freiheit in die Welt getragen hat.

Der Präsident Südafrikas, Nelson Mandela, sagte 1998: »Wenn ich also sage, dass wir das Produkt der missionarischen Erziehung sind, dann möchte ich damit zum Ausdruck bringen, dass ich den Missionaren gar nicht genug danken kann für das, was sie getan haben. Aber man muss in einem südafrikanischen Apartheid-Gefängnis gesessen haben, um die größere Bedeutung zu verstehen, die der Kirche in dieser Situation zugekommen ist.« Der Gedanke der Freiheit und Gleichheit aller Menschen, der Jungen und Alten, der Schwarzen und Weißen, der Männer und Frauen, der Kranken und Behinderten ist mit Jesus in die Weltgeschichte gepflanzt. Der Gedanke, dass Frieden und Gerechtigkeit und Versöhnung möglich sind, ist als Hoffnung wie ein Unkraut präsent, das die Welt mit all ihrer Bosheit und Dunkelheit und ihrem Vernichtungswillen einfach nicht ausrotten kann.

Weil die Geschichte Gottes mit den Menschen, wie sie

sich gerade in Jesus Christus zeigte, Hoffnung in die Welt bringt, darum lassen Christinnen und Christen die Hoffnung auf Frieden und Gerechtigkeit nicht los. Und auch wenn andere uns für naiv halten, werden wir konsequent für eine Welt des Friedens eintreten. Die Hoffnung von Weihnachten sagt: Frieden ist möglich. Ja, der Irak muss abrüsten, aber nicht nur der Irak: die ganze Welt, alle müssen abrüsten, damit der Frieden eine Chance hat. Wir werden gegen alles Kriegsgetrommel für den Frieden beten und sagen: Frieden ist der Weg, nicht Krieg.

Diese Geschichte, zum zweiten, ist eine besondere, weil sie eine Spur gelegt hat durch die Jahrhunderte hindurch, eine Spur, die die Welt einfach nicht loswird. »Es begab sich aber zu der Zeit ...«, das haben Menschen im dritten Jahrhundert in Syrien gehört und im 10. Jahrhundert in Frankreich und im 16. Jahrhundert in Nordamerika und im 19. Jahrhundert in Indonesien, in Äthiopien, in der ganzen Welt. Und die Botschaft von dem Kind, in einem Stall geboren, sie ist um die Welt gegangen, sie geht um die Welt über Zeiten und Kontexte und Grenzen hinweg. Sie rührt jeden Menschen an, denn wir alle, ob in Deutschland oder Brasilien, im Kongo oder in Nordamerika, in Thailand oder auf einer pazifischen Insel kennen die Verletzlichkeit des Lebens; in einem neugeborenen Kind, in der zarten Liebesbeziehung zwischen einem Mann und einer Frau ist sie besonders augenfällig.

Diese Geschichte, die Lukas erzählt, sie ist einfach nicht zum Schweigen zu bringen, auch wenn die Stasi beispielsweise das gern wollte. In der »Birthlerbehörde«, die Dokumente aus der DDR-Zeit aufbewahrt und bearbeitet, wurde ein Aktenstück gefunden mit dem Titel: »Verordnung zum Schutz des Sozialismus vor heidnischem Spuk und christlichem Mummenschanz, Schädigung der Forstwirtschaft und Hamsterkäufen«. Tatsächlich sollte versucht werden, die Durchführung des Weihnachtsfestes zu verbieten. Walter Ulbricht hatte erklärt, er wolle nicht länger mit ansehen, »wie erwachsene Menschen ein grünes Kroppzeug in ihre Stube schleifen, dort mit Stanniol und Krimskrams behängen und einen Götzendienst davor tun.« Dieser »unwürdige Spuk« müsse ein Ende haben. Und Jesus, dieser – so Ulbricht –«junge Mann ohne festen Wohnsitz«, habe sein Land aus egoistischen Motiven verlassen, einem solchen Republikflüchtling müsse man nicht huldigen. So wurde in der DDR ab November der Handel auf Mangelwirtschaft umgestellt, um das Schenken zu erschweren, Baumschmuck musste abgeliefert werden, die Forstwirtschaft durfte keine Bäume fällen, und in der »Operation Federvieh« wurde versucht, in Polen das »Gänsefleisch« rar zu machen.

Ach ja, fast haben sie es geschafft, das Christentum in Ostdeutschland auszurotten. Aber nicht Weihnachten, der Deutschen liebstes Fest! Natürlich ist da die Gefahr, dieses Fest vom Inhalt zu entleeren und zu romantisieren. Doch es ist kein gefühlsseliges winterliches Familienfest. Aus Anlass des Christfestes können wir ein solches Familienfest feiern, und das ist gut und wunderbar so. Aber der

Anlass selbst ist immer noch die Geburt des Gottessohnes selbst. Und die ist gar nicht süßlich. Da ist ein unverheiratetes Paar, die Frau schwanger, beide unterwegs, von Behörden auf die Reise gezwungen, alle drei alsbald auf der Flucht. Ohne Zuwanderungsgesetz jedenfalls hätten sie bei dem Versuch, in Deutschland Zuflucht zu finden, keine Chance. Oder werden wir in Sachen Härtefallregelungen der Zuwanderung genauso stur für eine gute neue Tradition plädieren wie die DDR-Bevölkerung einst für die Beibehaltung von Weihnachtskultur, damit Flüchtlinge Sicherheit finden? Das wäre doch schon ein Hoffnungsschimmer.

Die Lukaserzählung lässt uns Träume von einer anderen Welt wagen. Einer Welt, in der wir die Türen aufmachen, anstatt uns abzuschotten in der gut gefüllten warmen Herberge. In der wir aufbrechen nach Bethlehem oder Ägypten, wenn's nötig ist, anstatt uns in wohliger deutscher Dauerdepression zu suhlen. In der wir singen »Ehre sei Gott in der Höhe«, anstatt das Heil im Einkaufen zu suchen. Der Traum von einer Welt, in der die Hirten und die Weisen und die Familien miteinander etwas vom Frieden Gottes erfahren.

Und schließlich geht es, zum Dritten, um eine Geschichte, die uns je einzeln berührt in unserer Sehnsucht nach erfülltem Leben, nach Gottesnähe. Die Philosophin Hannah Arendt hat einmal gesagt, das besondere am Menschen sei nicht die Sterblichkeit, denn die gelte auch für Tiere und Pflanzen. Das Besondere sei die menschliche Fähigkeit, etwas völlig Neues zu beginnen. Das ist wohl unsere Hoffnung an der Krippe: neu anfangen dürfen. All das ablegen, was uns das Leben schwer macht. All die Kreisläufe, in denen wir gefangen sind, durchbrechen. Neu anfangen. Was würden wir heute ganz anders machen? Wo gab es Weggabelungen, an denen wir vielleicht anders hätten abbiegen sollen? Und müssen wir das denn bereuen, oder können wir nicht mit der falschen Abbiegung einen richtigen Weg finden? In unserer Ehe, mit unseren Kindern, in unserem Beruf. Und wo sind wir dankbar, dass Gott uns Wege gewiesen hat, Menschen über unseren Weg geschickt hat, Chancen eröffnet wurden? Welches Leid quält uns, welche Angst vor Krankheit, vor Trennung treibt uns um? Wir dürfen das heute Abend, in dieser Heiligen Nacht alles vor Gott bringen, an der Krippe ablegen. Gott will uns in diesem Kind begegnen. Gott will uns halten jetzt und hier und über den Tag und über unseren Tod hinaus. Darauf können wir vertrauen, daran dürfen wir glauben: Gott lässt dich nicht fallen, wir sind nicht allein. Ein neuer Anfang ist möglich bei Gott.

Wer neu geboren werden will, muss allerdings empfänglich sein wie Maria. Offen dafür, dass etwas geschieht, was noch niemand gesehen hat. Offen für Gottes Geschichte mit den Menschen mit uns wie mit Maria und Josef und dem Kind, offen wie die Hirten und die Könige.

Ein Gedicht von Ingrid Haushofer fasst diese alte Geschichte wunderbar mit neuen Worten zusammen:

Das Geheimnis der Weihnacht
Aufstehen in der Nacht wie die Hirten.
Auf den Weg sich machen in Kälte und Dunkel.
Im Herzen einfältige Hoffnung.
Sich leiten lassen von seinem Stern
Den man erkannt hat und den keiner sonst sieht.
Den Weg zu Ende gehen
Wie die Könige nicht umkehren.
Zur Welt kommen. Geboren werden.

Neue Wege

Weihnachten ist ein merkwürdiges Fest, merk-würdig im wahrsten Sinne des Wortes. Am Heiligen Abend denken viele von uns zurück, ja es beschleicht uns eine kleine Sehnsucht nach Gestern: Weihnachten damals, als wir Kinder waren – erinnerst du dich? Das erste Weihnachten zu zweit, als Paar. Oder: Weißt du noch, als die Kinder klein waren? Oder auch: das erste Weihnachen wieder allein.

Weihnachten ist für viele Menschen wie ein Brennpunkt, an dem sich das Leben und damit die Erinnerung konzentriert. Während die Tage des Jahres oft auch scheinbar unterschiedslos zerfließen, ist das Weihnachtsfest ein klarer Höhepunkt. Und wenn es uns nicht gut geht, ein entscheidender Tiefpunkt. Auch und gerade ein Weihnachtsfest, an dem wir traurig waren, einsam oder verzweifelt, gräbt sich tief in das Gedächtnis ein. Ich denke an so manche Berichte vor allem von Kriegsweihnachten, die in der Adventszeit erinnert werden: Weihnachten 1914 – Kriegswinter. Bitterkeit nach glanzvoller Euphorie. Und auch 1944: wieder ein Winter im Krieg. Weihnachten im Zeichen des Hakenkreuzes. Festredner, die Weihnachten als Symbol des zu erwartenden Endsieges priesen, in ihrem ideologischen Irrwahn missbrauchten – und die Wirklichkeit der Menschen in Kälte, Hunger und Angst.

Viele schauen Weihnachten auch nach vorn: was wäre, wenn? Kann ich wohl hoffen auf die neue Arbeitsstelle? Ob unsere Liebe Bestand haben wird? Was wird kommen? Kann ich mich Gott anvertrauen?

Weihnachten ist ein Jahreshöhepunkt in unserem Leben. Deshalb gibt es wohl auch diesen Perfektionsdruck, der aus der biblischen Geschichte ja gar nicht abzuleiten ist. Das ist mir immer wieder wichtig: diese Geburt war kein romantisches Kapitel einer Soap Opera! Es geht um Gott, der zu uns Menschen kommt. Bitte, hier im Land der Reformation, erinnert euch doch wieder oder lasst euch erzählen von dem, was sich begab zu der Zeit, als ein Gebot von dem Kaiser Augustus ausging. Es hat mich schon schwer enttäuscht, dass unter den zu Weihnachten befragten Promis selbst der sympathische Til Schweiger nicht so genau wusste, was eigentlich der Grund für dieses Fest ist. Der Mann hat Kinder! Was wird denn da erzählt unterm Weihnachtsbaum? Und im Radio wurde berichtet, wie Madonna Weihnachten feiert, mit Kerzen und Geschichten. Dabei hatten wir doch gerade erst erfahren, sie sei mit großer Ernsthaftigkeit jetzt Anhängerin der Kabbala, eine jüdischen Glaubensrichtung. Ist Weihnachten wirklich zu einem Familien-Geschenke-Anlass geworden, einem Winterwohlfühlfest? Wissen die Menschen denn nicht, *was* sie feiern, wenn sie Weihnachten feiern? Oder ist es tatsächlich so weit, dass jene Karikatur einer Tageszeitung zutrifft, die ich kürzlich gesehen habe:

Da stehen Eltern vor dem geschmückten Weihnachtsbaum, etliche Päckchen darunter, es glänzt und blinkt.

Das Kind aber schaut fasziniert weg von der Glitzerdeko auf eine ganz schlichte Krippe mit Ochs, Esel, Maria, Josef – und Kind. Der Vater sagt irritiert: »Was soll das denn jetzt?«

Vielleicht ist es manchen nicht mehr bewusst: Ohne das Jesuskind in der kärglichen Krippe gibt es keine Heilige Nacht, ohne den sterbenden Jesus und den auferstandenen Christus weder Christkind noch Christfest!

Weihnachten empfinden wir immer wieder als Zäsur im Jahr – deshalb sind wir vielleicht an diesem Fest auch besonders verletzlich. Und so kommen die großen Lebensfragen und die großen Glaubensfragen an die Oberfläche, die wir sonst im Alltag oft zur Seite schieben: Wo bin ich eigentlich angekommen in meinem Leben? Weiß ich, wo ich hin will? Wer steht mir zur Seite? Was heißt das: wenn Gott Mensch wird? Wie verstehen wir das: Jesus als Gottes Sohn? Können wir diese alte Geschichte glauben in unserer modernen und hochtechnisierten Welt?

Die Frage, warum die Geburt eines Kindes in Bethlehem eine Bedeutung für das eigene Leben haben soll, ist so alt wie der christliche Glaube. Und ich denke über sie nach mit einem Text der Bibel, der uns mitten hineinführt in ein intensives Gespräch aus allererster Stunde: Nikodemus, ein gebildeter Pharisäer, führt es mit Jesus. Nikodemus fragt, will verstehen, ringt mit dem Glauben daran, dass Jesus Gottes Sohn ist. Wie soll er das begreifen? Wie sollen *wir* das begreifen? Jesus versucht zu erklären und sagt dabei einen entscheidenden Satz, der im Johannesevangelium, Kapitel 3,16 überliefert ist »Also hat Gott die Welt geliebt, dass er seinen eingeborenen Sohn gab, damit alle, die an ihn glauben, nicht verloren werden, sondern das ewige Leben haben.«

Das ist sozusagen eine kurze Erklärung des christlichen Glaubens, kürzer geht es kaum, das passt sogar in das 90-Sekunden-Format im Radio. Auf drei Faktoren, die darin eine Rolle spielen, möchte ich im folgenden genauer eingehen: das ist die Liebe Gottes; der Sohn, an den wir glauben, und das sind wir, die nicht verloren sind.

Vorbehaltlose Liebe

Gott liebt tatsächlich diese Welt. Das ist schwer zu verstehen, denn sie ist ja wahrhaftig nicht immer liebenswert. Und wir Menschen sind es auch nicht. Selbst wenn wir nach außen eine großartige Fassade darstellen – wir wissen schon, wo wir gerade nicht perfekt sind und schon gar nicht liebenswert. Aber diese Welt mit ihren Mängeln, mit dem, was nicht stimmt, die liebt Gott so sehr, dass er sich auf sie einlässt. Das ist wie mit der Liebe bei uns. Da sagt doch mancher: die Frau? Lass die Finger von ihr! Der Mann? Mit dem wird das nichts! Sieh zu, dass du Land gewinnst! Aber wo die Liebe hinfällt, das entscheidet manches Mal nicht die Vernunft. Und so liebt Gott wohl auch dich und mich und diese Welt …

Deshalb können wir uns auch da Gott anvertrauen, wo wir Fehler machen, nicht weiter wissen. Wer leidenschaftlich liebt, hat ein großes Herz, kann vergeben. Das ist Ihnen doch sicher schon mal begegnet, dass plötzlich die Liebe stärker ist als das, was Recht ist. Oder wir sehen unsere Kinder und werden nachsichtig, weil sie so liebenswert sind, auch wenn sie nicht unseren Vorstellungen und Erwartungen entsprechen. Und ich weiß, das gilt auch vice versa für die Eltern! Da müssen die Kinder manches Mal Nachsicht haben und Geduld bewahren. Die großartige Botschaft von Weihnachten lautet: Gott liebt uns leidenschaftlich! Auch wenn alle anderen sich abwenden, wenn ich mich völlig verlassen fühle, wenn ich nicht mithalten kann, ist diese Liebe da, als Angebot. Nicht bestellt, nicht vorgemerkt, einfach so. Ein kostbarer Schatz. Für mich.

Da ist schon ein Plus auf unserem Konto, von Anfang an. Deshalb können wir unseren Lebensweg mit Gott gehen. Ja, Menschen versagen, das weiß auch Gott. Wie viele wenden sich ab und sagen: Gott – brauche ich nicht! Wer einmal in der Liebe enttäuscht wurde, weiß, wie weh das tut. Liebe begegnet Zurückweisung. Du liebst mich? Dein Problem! Ich will dich nicht! Ich kann ohne dich leben. Ich liebe einen anderen, eine andere. Das kann zutiefst verletzen. Wohl auch Gott... Aber die Liebe Gottes zu uns ist größer als unsere Zurückweisung, sie nimmt sich unserer Fragen und Fehler an und ist auch eine schmerzhafte Liebeserfahrung. Angst und Verletzung und Trauer gehören zur Liebe dazu. Wenn die Liebe erkaltet in Lieblosigkeit, erst dann verletzt auch nichts mehr. Dann aber ist die Beziehung zuende.

Hoffnung über den Glanz hinaus

Mit Jesus will Gott die ganze Welt retten, sagt der Vers aus dem Johannesevangelium. Das ist schon ein großes Spannungsfeld: Gott liebt nicht nur die, die alles wissen, die korrekt leben und richtig glauben. Nein, Gott hat großes Interesse an denen, die wie Nikodemus fragen und zweifeln und nachhaken. Das hat schon so manchen geärgert, der meinte, so richtig auf dem rechten Weg zu sein. Gott aber gibt nicht nur Zinsen nach eingezahltem Guthaben, sondern schenkt, einfach so, ganz unwirtschaftlich! Das zu erkennen, war für so manchen, beispielsweise für Martin Luther, eine Erfahrung von Befreiung: Ich muss nicht alles wissen, nicht alles immer hundertprozentig richtig machen. Gott denkt an mich, Gott sieht mein Leben an und will mir einen Weg in die Zukunft eröffnen, der viel weiter ist als das, was wir sehen, und natürlich kennt er meine Grenzen.

Oder ist das jetzt wieder zu billig? »Billige Nacht – Heilige Nacht« titelte der Spiegel in der Vorweihnachtszeit. Deutschland auf dem Weg zum Geizwahn – ist da auch Weihnachten billig zu haben? Ein bisschen Kitsch, ein bisschen Lichterglanz, schönste Harmonie, und das war's dann? Das wäre und ist in der Tat eine Täuschung. So würde Weihnachten verscherbelt im aktuellen deutschen Geizwahn (Habgier und Geiz werden übrigens von Anfang an in der Bibel zu den Lastern gezählt). Zurück bliebe dann Enttäuschung und Leere. Der Vers aus dem Johannesevangelium bringt Anfang und Ende zusammen.

Auf Jesus wartet am Lebensende der Galgen. Erst von Ostern her verstehen wir seine Geburt als eine ganz besondere Geburt. Und das ist nicht billig. Wer sich mit dem Tod auseinandersetzt, erkennt, wie begrenzt und wie teuer das Leben ist. Erkennt, dass Leben mehr ist, als wir in Euro oder Shareholder Value oder Ansehen oder Sicherheit rechnen können, darum geht es. Das Leben jetzt und hier ist eine begrenzte Zeit, beschränkt durch den Tod – den jenes Kind in der Krippe schließlich in die Schranken gewiesen hat. Das ist das Entscheidende!

Wir sind nicht verloren

Der Evangelist Johannes nennt das Ziel der Liebe Gottes: wir Menschen sollen nicht verloren sein. Mich berührt das sehr. Wie schnell ist ein Leben verloren, wie oft haben wir das Gefühl, verloren zu sein. Ich denke an die, die keinen Halt finden. Mich empört zutiefst, dass in einigen europäischen Ländern diskutiert wird, für Lebensmüde eine Todespille freizugeben. Was ist das für eine Welt? Wer nicht mehr mithalten will – wird ent-sorgt. Statt dass wir für-sorgen!!! Oder kostet es zu viel Engagement, Lebensmüde wieder lebensfroh zu machen, so dass sie eines Tages lebenssatt sterben dürfen?

Geben wir alle die verloren, die nicht mehr mithalten können? Hartz IV ist dafür ja ein Symbol geworden. Ist verloren, ja überflüssig, wer darauf angewiesen ist? Macht nur ein Leben Sinn, in dem ich meinen Unterhalt selbst verdienen kann? Oder machen wir deutlich: Die Leistungsstarken, die, denen es gut geht, sorgen von Herzen gern für dich mit. Es gibt eine lebensfrohe Gemeinschaft, die jetzt und hier hält und trägt. Und darüber hinaus wird Gott dich und uns halten und tragen jetzt und hier und über die Grenzen unserer Welt.

Doch manchmal beschleicht uns auch der Gedanke, dass unsere ganze Welt wahrhaftig ein Ort der Verlorenen ist. Etwa, wenn wir Berichte aus aller Welt hören – Kriegschaos in Afrika, Atomenergie im Irak, grauenvolle Vergewaltigungen, mühsame Aufbauarbeiten nach den Erdbeben in Haiti, China und Chile, Kindesmissbrauch, immer wieder Terror im Irak, Krieg in Afghanistan, Rüstungsexporte als ökonomischer Faktor. Mir fällt es manches Mal schwer, einzuschlafen, wenn ich davon höre und lese, besonders vom Krieg: Da wird eine Mutter erschossen, ihr Baby liegt zwei Tage schwer verletzt neben ihr, bis es gefunden ist. Jetzt ist es in einem Krankenhaus, notdürftig versorgt – es gibt keinen Ton mehr von sich, aber Tränen laufen über seine Wangen. Ein Kind in Not. Wie das Kind in der Krippe. Mein Gott, wo bist du?, fragen wir.

Doch, die Welt scheint oft wie ein Ort der Verlorenen. Verloren sind wir, wo jede Form des Mitleidens, des Engagements füreinander in Kälte und Raffgier erstarrt. Verloren ist unsere Welt, wenn wir sie kampflos dem Krieg und der Ungerechtigkeit überlassen. Das ist aber auch genau die Welt, die meint, sie brauche Gott nicht!

Gott sucht die Verlorenen, das ist die Verheißung. Gott

will uns eine Perspektive geben über dieses Leben hinaus und zwar von Ostern her, von der Auferstehung. Gottes Welt ist größer als das, was wir sehen. Gerade deshalb treten wir an gegen Kälte und Lieblosigkeit, gegen Hass und Gewalt in dieser Welt. Oft in kleinen Schritten, ja. Aber mit jedem kleinen Schritt geht es weiter, jedes kleine Licht macht die Finsternis ein wenig heller. Darum geht es an Weihnachten. Wir wollen in dieser Welt handeln, mit unserem Leben antreten gegen das, was Leben und Liebe und Zukunft zerstört, gegen Hass, Gewalt, Unrecht und Krieg. Da geht es um Hoffnung und nicht um Kitsch, um Licht und nicht um grelles Blenden. Solche Lichter der Liebe und der Hoffnung.

Vielleicht ist ein Nikodemusnachtgespräch genau das richtige für Weihnachten. Solche Gespräche sind bis heute die wichtigsten in unserem Leben. Wir führen sie zu selten – und dann oft allein. Abends im Bett, wenn du nicht schlafen kannst vor Kummer. Beim Besuch der todkranken Mutter. Mein Gott, wo bist du? Und dann fehlen uns Worte. Wir finden sie nur im Gespräch miteinander. Vielleicht ist Weihnachten ja eine gute Gelegenheit dazu. Nicht schwermütig, nein. Aber angefüllt vom Schein des Lichtes der Hoffnung Gottes in dieser Welt.

Den Gottesbeweis werden wir in solchen Gesprächen nicht endgültig finden, das ist mir klar! Aber wir können Gott ahnen, Gottes Nähe erfahren. Wenn wir uns dafür öffnen – und am Heiligen Abend sind viele Menschen offener dafür als im Alltag. Wenn wir spüren, da sind andere, die uns lieben. Wenn uns plötzlich mehr Kraft zuwächst, als wir erahnt haben. Wenn wir in der Einsamkeit doch wahrnehmen: ich bin nicht allein. Wenn Gottes Engel uns leise berührt und sagt: Ich bin da! Wenn ich mitten in Angst und Depression plötzlich Kraft zum Leben entdecke in mir.

Wie können wir glauben, was wir nicht sehen? Das bleibt für uns alle die Nikodemusfrage. Mich hat in diesem Zusammenhang eine Inschrift berührt. Sie wurde entdeckt an der Wand eines Raumes in Köln, in dem Juden vor den Nationalsozialisten versteckt wurden. Menschen in Angst und Hoffnungslosigkeit, in tiefster Finsternis haben dort die Botschaft hinterlassen: »Ich glaube an die Sonne, auch wenn sie nicht scheint; ich glaube an die Liebe, auch wenn ich sie nicht spüre; ich glaube an Gott, auch wenn er schweigt.« Das sind grandiose Worte der Hoffnung mitten in der Finsternis. Da wird übersetzt, was Johannes meint, wenn er von der Liebe Gottes zu den Verlorenen spricht.

Nikodemus tut sich schwer. Schwerer als die junge Frau Maria, die sich der Botschaft eines Engels anvertraut. Schwerer als die Hirten, die genau dies auch tun. Schwerer als die Fischer und die Frau am Brunnen und die Hure und der Zöllner. Sie schlagen ein in die ausgestreckte Hand, sie setzen alles auf eine Karte und vertrauen sich dem Sohn Gottes an. Nikodemus aber ist einer, der das nicht so einfach kann. Ich finde, das macht ihn sympathisch. Nikodemus ist wie die Menschen heute in unserem Land: Wir tun uns schwer mit Glauben, wir haben so viele Fragen, wollen klare Antworten. Und genau damit hat

Jesus große Geduld in diesem Gespräch. Er geht auf all die Fragen und Zweifel ein. Deutlich wird aber auch: Wer ein Nikodemusnachtgespräch führt, ist nicht am Ende der Gottesbeziehung. Wer nach Gott fragt, ist mittendrin und lässt sich ein auf diese Liebe, diese ausgestreckte Hand, die uns berühren will. Wer es wagt, zu vertrauen. Ja, Glauben ist auch ein Wagnis. Vielleicht in dieser Zeit in diesem noch jungen 21. Jahrhundert mehr denn je. Aber es ist zu spüren in unserem Land, dass die Sehnsucht wächst, dieses Wagnis einzugehen. Und das macht Hoffnung.

Heilig Abend ist die Nacht der Stille, der Erwartung, der Träume. Die Nacht, in der die Welt in Wehen liegt, in der Neues beginnen will. Nacht, die ankommt – bei uns. Nacht, in der Gott kommt in unser Leben. Nacht, die zum Licht wird, die begeistern will. Die bestaunt sein will.

An Heilig Abend feiern wir die Geburt des Gotteskindes, geboren aus der Liebe Gottes. Und auch wir werden am Heiligen Abend neu geboren, zur Welt gebracht aus Liebe. Lassen Sie sich auf diese Liebesbeziehung ein – sie ist eine zulässige Affaire! Eine Liebesbeziehung mit Gott! Wissen Sie noch, wie das ist? Wenn die Liebe nicht in Routine erstarrt? Ein Blick ein Lächeln ins Gesicht zaubern kann? Junge Menschen wissen es genau. Kinder ahnen es, wenn sie jemanden in den Arm nehmen, glücklich sind. Und wir Älteren, wir erinnern uns. Verliebt. Da sieht ein Mensch die Welt mit anderen Augen. Alles ist in anderem Licht, im Licht der Liebe. Jemand geht an meiner Seite – da ändert sich mein Blick, und durch meinen

Blick können andere neu werden. Ja, neue Lebenswege eröffnen sich. Gott liebt dich, so wie du bist! Gott geht mir dir heute und morgen und weit darüber hinaus. Und du kannst andere lieben und mit ihnen gehen und für sie eintreten. In aller Freiheit.

Den Winter mag ich eigentlich nicht, aber ich mag den Dezember mit seinen besonderen christlichen Ritualen. So besorge ich gern Weihnachtsgeschenke, weil ich Menschen, die ich liebe, gern beschenke – es ist für mich ein Zeichen für das große Geschenk des Lebens, das uns Gott gemacht hat. Das Jahr über sammle ich Kleinigkeiten und fülle für jedes Kind (auch die erwachsenen) einen Adventskalender als Zeichen für das Warten. Ich backe gern Weihnachtsplätzchen, es ist ein ganz besonderer Geruch. Das feierliche Entzünden einer Kerze nach der anderen am Kranz, das Lesen der alten Geschichten, das gehört in diese besondere Zeit. Schließlich macht es mir Freude, mit meinen Kindern den Weihnachtsbaum zu schmücken – am 24. Dezember. Nein, ein Advents- und Weihnachtsmuffel bin ich nicht. Nur lasse ich mir Advent und Weihnachten nicht wegnehmen durch Zeitstress, Konsumterror, Kitsch und Kaufdruck. Es wäre schade drum …

Lebenschancen

Heiliger Abend, Heilige Nacht. Lange warten wir darauf, den ganzen Dezember lang. Auch in diesem Jahr ist es wieder so: Vorfreude und Warten-Können, Türchen öffnen und Kerzen anzünden, Strohsterne, die gebastelt, und Kekse, die gebacken werden — das ist der besondere Zauber des Advent. Mit Sorgfalt werden Geschenke ausgesucht für Menschen, die wir lieben, die uns nahe stehen, schöne Karten verschickt als kleiner Gruß zum Fest in Verbundenheit oder mit Dank. Das sind gute und wichtige Rituale in einer Zeit, die Wurzeln und Geborgenheit sucht.

Allerdings gibt es sicher auch das: Einkaufsstress und Glühweinrummel, Weihnachtsfeiern, die keiner mochte, Geschenke kaufen für Leute, die du eigentlich nicht so recht magst. Es gibt Streit um den richtigen Weihnachtsbaum (der idealerweise einen Umfang von 64 % der Höhe haben soll, wie eine Zeitung berichtet). Und Auseinandersetzungen: Müssen wir die Tante dieses Jahr einladen? Die Kinder wollen nicht mit zum Schwiegervater. Nein, ihr geht nicht ins Kino am 1. Feiertag! Es soll doch gemütlich werden …

Doch das alles kann nicht zerstören, worum es an Weihnachten wirklich geht. Wir warten jedes Jahr neu auf Weihnachten, weil wir es zumindest an diesem Abend – einmal im Jahr – wagen, uns die Frage nach dem Sinn unseres Lebens zu stellen. Wir spüren ja, dass wir allzu oft davon laufen vor dieser Frage. Wir schaffen und machen und klagen und rennen, aber wir nehmen uns nicht die Zeit zu fragen: Was will ich eigentlich mit diesem Leben? Liebt mich überhaupt jemand? Werde ich tatsächlich gebraucht? Und gebe ich den Menschen, die mich brauchen, die Liebe, die sie suchen? Es gibt so viel Einsamkeit in unserer betriebsamen und beschleunigten Zeit. Und es gibt so viele, die das Glück gar nicht mehr spüren, das Glück der einfachen Dinge. Ein Dach über dem Kopf. Ein warmes Bett an kalten Tagen. Tage ohne Hunger. Menschen, die mit uns leben wollen. Eine kleine Geste – da sorgt einer für mich. Da hat sich jemand Gedanken gemacht um mich. Und das große Glück: Freiheit, zu sagen, was mir wichtig ist; als Frau ohne Erniedrigung leben; kein Krieg in unserem Land – alles keine Selbstverständlichkeiten.

Die Wochen vor Weihnachten und vor allem dann der Heilige Abend sind eine Zeit für grundsätzliche Gedanken über unser Leben. Und zwar gerade, weil wir eben nicht einen holden Knaben im lockigen Haar feiern – so gern ich selbst jenes Lied auch singe. Es geht auch nicht um ein süßliches Familienidyll. Nein, das alles ist die verweltlichte Fassung eines religiösen Festes. Weihnachten geht es für Christinnen und Christen um Gott! Um unseren Gott, der in die Welt kommt; als ein Kind in Palästina. Ein Kind mittelloser jüdischer Eltern, ein Kind, das unter Habenichtsen geboren wird und schon als Säugling mit seinen Eltern auf der Flucht ist. Ein Kind in extremer Armut – wie 600 Millionen Kinder heute. Sie sterben an Mangelernährung, an Hunger, im Krieg und auf der Flucht. Auf der ganzen Welt. Sie werden in Kriege geschickt, sexuell missbraucht und als Arbeiterinnen und Arbeiter mit Billigstlöhnen gnadenlos ausgebeutet. Ein solches Schicksal hätte auch jenes Gotteskind leicht erleiden können.

Wir gehen auf Weihnachten zu, wir möchten ein schönes Fest feiern – wie sollen wir das eigentlich aushalten, all diese Horrordaten, die uns die Wirklichkeit der Welt zeigen? Ist es da nicht besser, sich ganz auf den eigenen kleinen Umkreis zu besinnen und es sich einfach gemütlich zu machen an Weihnachten? Und: Ist es nicht eigentlich auch absurd zu glauben, dass Gott nun gerade als Kind in die Welt kommt? Da feiern wir doch lieber ein besinnliches Familienfest mit Gans und Glühwein und ohne widerspenstige Inhalte. Und überhaupt: wenn Gott diese Welt angeblich so sehr liebt, wo war er eigentlich in diesem vergangenen Jahr? Ist es da nicht besser, sich diese schwierigen Fragen gar nicht erst zu stellen und lieber den Fernseher anzuschalten, der wird uns schon ablenken? Was ist die Botschaft von Weihnachten in dieser Situation?

Die Botschaft der Engel, die an so vielen Orten und über so viele Generationen hinweg weitergegeben wird, hören wir eigentlich jedes Jahr wieder. Hören wir sie noch? »Euch ist heute der Heiland geboren!« und: »Ehre sei Gott in der Höhe und Frieden auf Erden bei den Menschen seines Wohlgefallens.« Manchmal sind uns diese Worte schon so vertraut, dass wir sie gar nicht mehr bewusst aufnehmen. Wir hören sie und verstehen sie doch nicht in der Tiefe. Doch diese Worte gelten den Menschen seit 2000 Jahren. Hören wir sie also noch einmal neu für uns!

Euch ist heute der Heiland geboren – Jesus ist unser »Heiland«. Lange galt das Wort als etwas fromm und verkitscht. Aber es ist ja etwas dran: Viele Menschen haben große Sehnsucht nach Heil, nach jemandem, der sie heil macht an Körper und Seele. Wie viel kaputtes Leben es doch gibt! Und wie viel Sehnsucht nach gelingendem Leben! Jesus kennt diese Sehnsucht und macht den Menschen Mut: Du kannst dein Leben ändern! »Zöllner: komm vom Baum herunter, ich will mit dir essen gehen!« »Frau, die gesteinigt werden soll: fang noch einmal neu an.« »Sterbender Mann: der Tod ist nicht das Ende, sondern bei Gott ein neuer Anfang.« Jesus sieht die Menschen an mit den Augen der Liebe, jeden und jede, dich und mich. Er hat diese Liebe selbst erfahren von seinen Eltern, die alles für ihn getan haben, und von Gott, als Sohn Gottes. Er hat sich Gott vollkommen anvertraut und daraus große, überzeugende Lebenskraft gewonnen. Und er sagt dir und mir: dein Leben macht Sinn, weil Gott dir Sinn zuspricht. Es kann heil werden, wenn du dich auf das Vertrauen zu Gott einlässt. So wird Jesus zum Heiland.

Ehre sei Gott in der Höhe – »Brüder und Schwestern, sprecht mit mir: 01090 Halleluja – die himmlische Nummer«: Soll ich mich eigentlich ärgern über diese Werbung, die ich in der Vorweihnachtszeit tagelang im Radio höre und die sich mir einprägen soll und ja offensichtlich eingeprägt hat? Wie sieht es aus mit dem Kinowerbespot für Ahoi-Brause, der einen langweiligen Gottesdienst zeigt – und erst die Brause regt die Phantasie des Pfarrers an – den Klischees entsprechend vor allem die sexuelle Phantasie? Unsere Religion wird verscherbelt und auf die Schippe genommen in unserer Zeit. Das Christentum wird gnadenlos vermarktet und der Lächerlichkeit preisgegeben. Mit keiner anderen Religion würde man das wagen in diesen Tagen – liegt das wohl daran, dass die Christinnen und Christen ihre Religion selbst nicht mehr ernst genug nehmen? Dass sie signalisieren: Glauben wir ja alle längst selbst nicht mehr …? Und Mitarbeiterinnen und Mitarbeiter der Kirche sagen: Das ist ein sinkendes Schiff, steigt lieber nicht ein. Dass andere finden: Alles hoffnungslos überaltert! (Um sich dann einer esoterischen Form von Religion zu verpflichten, die mit Jahrtausende alten Ritualen wirbt …). Dass Eltern erklären: unsere Kinder sollen mal wählen können auf dem Markt der Religionen, wir wollen doch bloß nichts vorgeben an Werten an Glauben, an Überzeugungen und Ritualen!

Gott die Ehre geben, das fällt offensichtlich schwer. »Ehre«, was soll denn das überhaupt bedeuten? Ich habe in mehreren Wörterbüchern nachgeschlagen – meist kommt nach der Ehescheidung direkt das Ei. In einem Lexikon aber heißt es: »Dem Menschen die Ehre nehmen heißt (nämlich), ihm das Vertrauen anderer abschneiden.« Das ist ja spannend. Wenn wir Gott nicht ehren, erklären wir anderen, dass sie ihm nicht vertrauen sollten. Gott die Ehre geben hieße dann, ihm wirklich vertrauen und davon auch zu sprechen.

Es tut gut, sich Gott anzuvertrauen. Unser Glaube ist eine Lebenskraft. Da gibt es Begeisterung, Freude über Gott. Daraus entspringt ein Lebensglück, das keine Spaßgesellschaft ersetzen kann. Das ist ein Glück, das hält und trägt selbst dann, wenn menschliche Beziehungen brechen und Vertrauen in Menschen enttäuscht wird. Gerade da, wo ich mich frage: Wie soll es weitergehen in meinem Leben?, finde ich Halt, wenn ich Gott vertraue und so die Ehre gebe.

»Und Friede auf Erden« – ja, Gott will Frieden. Gerade dieser friedlosen Welt will er Frieden zusagen. Der Welt des Terrors, die auf widerwärtige Weise Flugzeuge zu Bomben macht. Der Welt der Waffen, die immer wieder das letzte Wort haben wollen. Dieser Welt, in der die Hoffnung in einer Spirale der Gewalt unterzugehen droht, zum Beispiel in Israel und Palästina. Einer Welt, in der die Sehnsucht nach einem besseren Leben in China und Haiti, in Äthiopien und Griechenland immer wieder zunichte gemacht wird. Ja, da sind die Stimmen, die sagen, die Friedfertigen, die Sanftmütigen, die sich sehnen nach Gerechtigkeit und Frieden, die geistlich Armen, seien naiv, verrückt, realpolitisch nicht brauchbar. Aber haben denn die Waffen eine friedliche Welt hervorgebracht? Der Beweis wäre noch anzutreten, dass Waffen Frieden schaffen: In der Geschichte haben Waffen immer wieder neue Gewalt gesät. Und die Saat ist immer wieder aufgegangen. Ja, auch nach dem zweiten Weltkrieg: in der Sowjetunion, in Ungarn, der Tschechoslowakei, der DDR, in Angola und auf dem Balkan und ja, auch in Afghanistan.

Die Sehnsucht der Menschen aber ist die Sehnsucht nach Frieden. Ob vor allem Frauen diese Sehnsucht haben? Die Sehnsucht der Marias, die ein Kind zur Welt bringen und wissen, wie zerbrechlich, wie verletzlich dieses Leben ist? Ein Cartoon einer Wochenzeitung hat das auf humorvolle Weise auf den Punkt gebracht: eine resolute Schwester sagt den Soldaten und Kämpfern in ihren martialischen Uniformen, die sie noch im Krankenhaus brauchen, samt ihren Waffen: »Jetzt ist mal Ruhe hier. Und ich will auch keinen Schuss mehr hören!« Ja, das wünschen wir uns, eine wahrhafte Autorität, die sagt: Ruhe jetzt und kein Schuss mehr!

Dafür sollten wir eintreten mit allen Mitteln, solche Schwestern und Brüder können wir sein. Wir können eintreten für eine Welt ohne Krieg, in der Kinder wie dieses Kind im Stall aufwachsen können ohne Angst. In der Kinder spielen können ohne Furcht vor Schüssen. In der eine Generation heranwächst, die weiß, dass Konflikte gewaltfrei gelöst werden können. Nein, das ist nicht naiv. Aber es wird Kraft und Geld und Einsatz kosten mindestens so viel wie die Militäreinsätze dieser Welt. Weihnachten sagt uns: wenn wir das tun, handeln wir im Namen Gottes. Denn Gott will dieser Welt Frieden zusagen. Einen Frieden, den wir eines Tages in Vollkommenheit kennen lernen werden, wenn Gott unter uns wohnt und alle Tränen abgewischt sind. Einen Frieden, für den Gott selbst Zeichen setzt, indem er sich verwundbar macht als neugeborenes Kind, als sterbender Mann am Kreuz.

Bei den Menschen seines Wohlgefallens – »Und den Menschen ein Wohlgefallen«, hat eine frühere Übersetzung gesagt. Aber im Text steht tatsächlich: bei den Menschen seines Wohlgefallens. Was heißt das? Hat Gott tatsächlich Gefallen an uns? Kann das denn sein? Ja, denn wir sind Gottes Geschöpfe. Und wenn wir es wagen, uns Gott anzuvertrauen, dann sind wir auch Gottes Kinder. Das ist nichts, wofür wir uns schämen müssen. Nein, das ist eine Lebenskraft, die uns trägt in guten und in schlechten Tagen. Eine Kraft, die uns Mut gibt, nach dem Sinn unseres Lebens zu fragen. Die uns einlädt, immer wieder einen neuen Anfang zu wagen. Mit Gott und miteinander. Als Ehepartner. Als Eltern und Kinder. Als Familie. Als Nachbarn. Am Arbeitsplatz. In der Schule.

Die Botschaft der Engel, sie ist an uns gerichtet. Sie ist eine Herausforderung und ein Trost zugleich. *Herausforderung,* weil wir die Welt nicht einfach lassen können, wie sie ist. Wir dürfen die Hoffnung auf Frieden nicht einfach aufgeben. In der Nachfolge Jesu, sind wir aufgerufen, entschieden für den Frieden einzutreten. Das gilt in unserem persönlichen Leben: wo Ehen zerbrechen, wo Kinder und Eltern streiten, wo Freundschaften gefährdet sind, wo Menschen an den Rand der Gesellschaft gedrängt werden. Aber das gilt auch in unserer ganzen Welt: es geht darum, Feindbilder abzubauen. Religion darf nicht länger zum Faktor der Konfliktverschärfung werden, sonst wird sie missbraucht. Wir brauchen das Gespräch zwischen den Religionen und Kulturen, das Ringen um Werte!

Und die Engelsbotschaft bringt *Trost und Hoffnung* an Weihnachten, weil wir mit all unseren Fehlern doch Gottes Kinder sind, denen Gott Heil zusagen will, die vor Gott Wohlgefallen finden. Deshalb ist dieses Kind in die Welt gekommen, damit wir immer wieder hören: Gott sei Ehre in der Höhe, aber eben auch auf Erden. Geben wir Gott die Ehre! Vertrauen wir auf den Heiland, der geboren ist und machen wir uns auf, immer neu für den Frieden auf Erden einzutreten als Menschen seines Wohlgefallens.

Auf den zweiten Blick

»Bethlehem. Zu vermieten: Stall; Zentralheizung (Ochs + Esel), schöne Aussicht (Sternenhimmel), stimmungsvoll (Engelschor), frei ab 24.12. …« Ein frischer Blick auf die Weihnachtsgeschichte, die uns jedes Jahr beschäftigt, zeigt: Gott kommt nicht in eine perfekte Welt. Perfektion, das heißt alles ist richtig, vorzeigbar, glanzvoll – das ist ja auch gar keine realistische Erwartung an unser Leben. Ich finde das so wunderbar am Stall, dass gar nichts perfekt ist. Aber Vertrauen gibt es, das Miteinander gelingt, die Zuneigung zueinander ist da, das ist entscheidend, wenn wir das Leben im Licht Gottes sehen. – Als in meiner Kindheit der Christbaum bei uns zu Hause mal wirklich so krumm war, dass wir ihn festbinden mussten und alle mit unserem Vater meckerten, weil der ihn besorgt hatte, brummte er: »Na denkt ihr, im Stall von Bethlehem war alles kerzengerade?«

Sie hatten keinen anderen Raum in der Herberge als eine Krippe, die jungen Eltern Maria und Josef, um ihr Kind hineinzulegen, nur das erzählt das Lukasevangelium. Von einem Stall ist gar keine Rede. Aber wenn die Menschen an eine Futterkrippe denken, dann gehört halt ein Stall dazu.

So ist es auch mit der Krippe, die Maria als Bett für das Neugeborene hatte. Das griechische Wort für Krippe

meint einfach eine »Vertiefung« In der lateinischen Übersetzung wird ein Wort verwendet, das etwa mit »gefloch-
tener Futtertrog« übersetzt werden kann. Das deutsche
Wort Krippe, von »Krebe« abgeleitet bedeutet Flecht-
werk. Das Kind in der Krippe wird im frühen Christentum aber nicht durch Maria und Josef zum Christkind,
sondern durch die Anwesenheit von Ochs und Esel. Bei
den ältesten Krippendarstellungen fehlt anfangs selbst
Maria. Ochs und Esel jedoch gehören zur »Grundausstat-
tung« jeder Krippendarstellung. Das Lukasevangelium
aber weiß davon gar nichts. Wie kam es dazu?

Das liegt daran, dass die Christen im Nachhinein einen
Vers aus dem Alten Testament auf Jesus bezogen haben.
Bei Jesaja 1,3 heißt es: »Der Ochse kennt seinen Besitzer
und der Esel die Krippe des Herrn; Israel aber hat keine
Erkenntnis, mein Volk hat keine Einsicht.« Ochse und
Esel stehen in der Tradition für Juden und Heiden, die
beide gleichberechtigt berufen sind, Volk Gottes zu sein.
Die Völker der Welt sind von Anfang an symbolisch
anwesend. Der Esel als Tier der Demut ist gleichzeitig
Metapher für Jesus Christus, der sich als Gott so klein
macht. Der Ochse als alttestamentliches Opfertier verweist auf den Opfertod Jesu am Kreuz. Ochs und Esel
werden auf Bildern oft so dargestellt, dass sie Jesus mit
ihrem Atem zu wärmen scheinen. Ihr Atem kreuzt sich –
und wieder ergibt sich der Hinweis auf das Kreuz.

Nun haben wir den Ort des Weihnachtsgeschehens
etwas ernüchternd kennen gelernt. Eine Herberge, in der
eine Frau ein Kind zur Welt bringt und in ein Körbchen

legt. Wahrhaftig nichts besonderes, das passiert täglich. Aber weil wir glauben, dass dieses Kind ein besonderes ist, wird die Herberge in der Erinnerung der Menschen ein so besonderer Ort voller Symbole. Wir glauben, dass dieses Kind als erwachsener Mann stirbt, aber nicht im Tod bleibt. Dass an ihm deutlich wird: Gott liebt diese Welt, und es gibt ein Leben nach dem Sterben. Dieser Glaube verändert den Blick völlig. Da ist das dann nicht mehr irgendein Stall, in dem irgendein Kind zur Welt kommt. Der Glaube macht diesen Ort zu einem besonderen, an dem die Engel singen, Heil verkündigt wird, Menschen die Tiefe der Liebe wahrnehmen. Der Blick der Vernunft muss sagen: Na und? Der Blick des Glaubens sagt: Gott wird Mensch – an so einem banalen Ort!

Werfen wir einen zweiten Blick auf die beteiligten Personen. Ich möchte zuerst über Josef sprechen. Das evangelische Magazin Chrismon hat ihm einmal den Titel der Dezemberausgabe gewidmet – unter der Überschrift: »Beste Nebenrolle«. Es ist ein spannender Blick auf Josef, den Mann im Schatten, den großen Schweiger, der seine Pflicht tut. Der Vater, der dieses auffällige Kind schützt und begleitet, auch wenn er von dem Sohn später oft derb zurückgewiesen wird. Ein Mann aus guter Familie, Nachfahre des Königs David, der ein angesehenes Handwerk betrieb. Josef war also eine »gute Partie« für Maria. Und der mild aussehende Greis, als der er in den meisten Krippenszenen dargestellt wird, eine Art »Schattenmann«, war Josef gewiss auch nicht. Warum soll er alt gewesen sein?

War Maria vielleicht 16, so mag er 18 oder 20 gewesen sein.

Das verändert den Blick. Als geschickter Handwerker hat er die Herberge möglicherweise in Windeseile angemessen hergerichtet. Vielleicht war er es auch, der die Krippe aus ein paar Holzresten angefertigt hat. Josef ist der stille Held der ganzen Geschichte! Bei der Geburt war er offenbar dabei, ganz modern, das machen Väter bei uns erst seit wenigen Jahren. Schließlich rettet er Mutter und Kind auch auf der Flucht nach Ägypten. In der Bibel aber taucht er ab, wir hören nur noch einmal von ihm, als »die Eltern« den Sohn suchen. Und wir erfahren, dass Maria und er weitere Kinder hatten, weil von den »Geschwistern Jesu« die Rede ist. Josef ist auf den zweiten Blick tatkräftiger Ehemann und Familienmensch, bodenständiger Handwerker, neuer Vater, mutiger Retter auf der Flucht.

Und Maria? Als sanftmütige Übermutter wird sie meist dargestellt. Dabei hat sie ein sozialrevolutionäres Lied gesungen, das im Lukasevangelium überliefert ist und nicht gerade sanftmütig klingt. »Die Gewaltigen« solle Gott »vom Thron stürzen«! Selbstbewusst erscheint sie da, sie weiß sich von Gott auserwählt. Und später ringt sie mit ihrem Sohn, geht ihm nach, will ihn aus der schlechten Gesellschaft holen, in der sie ihn vermutet. Zur Verstärkung nimmt sie seine Geschwister mit. Eine ganz normale Mutter also, die um ihren Sohn kämpft.

Maria bringt für mich immer eine große Ruhe in die Szene dieser Geburt. Sie bewegt die Worte der Hirten, der Engel, der Weisen in ihrem im Herzen. »Sym-ballein« steht da im Griechischen, unser »Symbol« kommt daher, sie setzt die Worte und ihre Bedeutung zusammen, sie singt, wie im Weihnachtsoratorium so wunderbar vertont, ein Wiegenlied mitten in all dem Gedränge und versucht, ihr Leben ins Lot zu bringen, aus dem Blickwinkel Gottes zu sehen.

Die Hirten waren Hilfsarbeiter. Sie standen in der Skala der möglichen Arbeitsplätze ganz unten. Ich weiß nicht, welche junge Familie eine ganze Truppe von ihnen gern überraschend zu Besuch hätte. Warum nur machen sie sich auf den Weg? Erwachsene Männer, die Engel singen hören? Wenn jemand im Job-Center sagen würde, er hätte den Arbeitsplatz verlassen, denn Engel hätten ihm Heil verkündet, würde wahrscheinlich über die Finanzierung einer Therapie nachgedacht. Ja, so selbstverständlich, wie wir die Weihnachtsgeschichte lesen, ist sie bei Licht betrachtet gar nicht …

Schließlich die Engel. Sie geben der ganzen Szene himmlischen Glanz. Sie sind Ausdruck des Jubels, der Freude, der Wahrnehmung, dass hier etwas ganz Besonderes geschehen ist. Ich finde gut, dass auch sie, die Glorreichen, die Lichtgestalten, ihren Platz an der Krippe haben. Auch die Glücklichen, die Erfolgreichen können dort stehen. Weil sie so ihr Leben einordnen, das Lob Gottes singen und nicht das Hohelied des Eigenlobs.

Die Gestalten dieser Geschichte teilen eine wunderbare Eigenschaft: Sie lassen sich ein auf Überraschendes in ihrem Leben. Sie wagen selbst den anderen Blick. Es könnte sein, dass Gott etwas mit mir vorhat im Leben, was ich selbst mir gar nicht vorstellen kann. Ich bin tatsächlich gemeint. Bei mir kann sich etwas ändern, wenn ich mich Gott anvertraue. Mein Leben macht Sinn, weil Gott mir Sinn zusagt, weil Engel rufen: Fürchte dich nicht!

Nachdem wir den Ort des Geschehens und die Menschen dieser Weihnachtsgeschichte betrachtet haben, gilt der dritte Blick nun uns heute. Stellen wir uns Heilig Abend in der Kirche vor: Wir sind eine friedliche Gemeinschaft von Menschen, die miteinander singen und beten. Ja gut, vielleicht gab es etwas Geschubse und Gedränge am Eingang. Vielleicht riecht die Dame neben mir etwas zu stark nach Parfüm. Vielleicht ist mir der Nachbar nicht so ganz angenehm in dieser Enge. Aber auf einen Außenstehenden wirken wir auf den ersten Blick wie eine friedliche Gemeinschaft, die ihren Glauben feiert.

Und das ist auch gut so! Mir ist wichtig, dass unsere Religion von Gemeinschaft lebt. Über alle Konflikte hinweg gehören wir zusammen. Miteinander feiern wir. Wir reihen uns heute Abend ein in das Lob Gottes, das zwei Milliarden Christinnen und Christen in aller Welt anstimmen. Da geht es nicht um Sitzplatzverteilung! Jeder Mensch ist willkommen in Gottes Haus in der Heiligen Nacht. Jemand muss die biblische Botschaft arg missverstanden haben, wenn er meint, wir könnten irgendwen ausschließen. Jesus hat immer alle eingeladen, gerade das hat ihn ausgezeichnet.

Auf den zweiten Blick kommen wir auch als Einzelne zusammen mit unserer Freude und mit unseren Belastungen. Ich weiß, viele sind am Heiligen Abend auch im Gottesdienst mit ihren Ängsten und Sorgen belastet. Mich hat ein Brief sehr berührt, den ich vor einiger Zeit in meinen Emails vorfand. Da schrieb ein Mann, er sei vor einigen Jahren nach der Trennung von seiner Frau und dem Umzug aus Süddeutschland nach Hannover in den Gottesdienst an Heilig Abend gekommen. Am Eingang habe er gedacht, das sei ein großer Fehler gewesen. Da waren so viele glückliche Familien um ihn herum, dass er sich schrecklich einsam fühlte. Aber dann, beim Anstimmen der Lieder, beim miteinander Hören und Beten habe er Gemeinschaft erlebt, sich aufgenommen gefühlt und konnte gut nach Hause gehen und allein sein an dem Abend – ohne einsam zu sein.

Das ist mir wichtig: wie immer wir gestimmt sind am Heilig Abend, was immer uns bewegt, freut, rührt oder auch belastet – genau so, wie wir sind, können wir vor der Krippe stehen. Wir sind nicht auf Rollen festgelegt, so wenig wie wir Josef, Maria und die Hirten festlegen können. Unser Leben kann immer einen zweiten Blick vertragen, genau wie die Krippe, der Stall und Ochs und Esel. Wir kommen mit all unserer Hoffnung zur Krippe, auch anders sein zu können. Und Gott weiß um den zweiten Blick, sieht tief in unser Herz, erkennt, was in uns liegt an Sehnsucht und an Möglichkeiten.

Das gilt auch für die großen und kleineren Krisen, mit denen wir uns seit einigen Jahren allmählich auskennen. Nach dem Bankencrash 2008 wurde 2009 bereits als Krisenjahr ausgerufen, bevor es da war – und zeigte sich als nicht ganz so dramatisch. Und 2010 kam die nächste, die Griechenland-Krise. Ich weiß, viele haben Angst. Aber wir können nicht nur mit Angst leben, wir brauchen Hoffnung, Vertrauen und Zuversicht gegen die Angst.

Krisen gehören zum Leben. Das griechische Wort »*krinein*« bedeutet »unterscheiden«. Das würde mir auf den zweiten Blick in der Tat gut gefallen: Wir lernen zu unterscheiden zwischen Wichtig und Unwichtig etwa. Fernsehen, Geld und Lottozahlen sind weniger wichtig als Glaube, Liebe, Hoffnung. Schnelle Rendite? Längst nicht so interessant wie das Einstehen füreinander. Wachstum ist kein Gott, den ich anbete, sondern ein nachhaltiger Lebensstil. Und Gottvertrauen ist wichtiger als Geld. Miteinander bringt mehr als Egomanie. Sogar bei den Geschenken scheint die ja nun schon ausgebrochen – in der Zeitung war pünktlich zu Weihnachten zu lesen, wir mutierten nun zu »Ego-Shoppern«. Bitte nicht: wir schenken, um uns zu freuen aneinander, über das Gottesgeschenk Jesus.

Ja, es gibt Krisen in unserem Leben, schon heute und vielleicht morgen; aber wir dürfen uns auch freuen, hier und heute, an unserem Leben, am Zusammensein, am Singen und Beten. Beten wir für Frieden in der Welt, geben wir Brot für die Welt, damit der Hunger ein Ende hat, und bitten wir Gott um Kraft, mit den Krisen unseres Lebens und den Krisen unserer Erde angemessen umgehen zu können, wenn sie uns erreichen. Mich ermutigt der Gedanke, dass Gott uns die Kraft zur Bewältigung von Krisen nicht im Voraus gibt, weil wir sonst hochmütig werden. Aber wir dürfen darauf vertrauen, dass Gott uns mitten in der Krise die Kraft gibt, damit umzugehen, wenn wir Gott darum bitten.

Welchen Blick haben wir auf die Welt, auf unser Leben? Ist unser Blickwinkel rein negativ? Oder gehen wir mutig auf die Probleme unserer Beziehung zu, sie sind ja Teil unseres Lebens. Legen wir die Frage, ob das Studium mich zu einem Arbeitsplatz führt, voll Gottvertrauen in die Zukunft. Sprechen wir über die Angst, allein zu sein. Sehen wir das Leben als Geschenk aus Gottes Hand: du wirst mich Wege führen, auf denen ich gehen kann. Ich kann nicht tiefer fallen als in Gottes Hand …

Eine Frau, die ich seit vielen Jahren gut kannte, ist in der Adventszeit des letzten Jahres gestorben. Ich war fassungslos, bestürzt, von ihrer Krankheit, die so schnell zum Ende geführt hatte. Besonders gerührt hat mich dann die Danksagung ihres Ehemannes, die er mit einem Gedicht von Rose Ausländer einleitete:

Und

Und Wiesen gibt es noch
und Bäume und
Sonnenuntergänge
und
Meer
und Sterne
und das Wort
das Lied
und Menschen
und

Ja, das ist eine andere Sicht der Dinge. Aus diesem Blickwinkel leben wir unser Leben von Ostern her. Erst so sehen wir Weihnachten im gesamten Licht. Es gibt Leid im Leben, Gründonnerstag, Karfreitag wird es in dieser Welt immer geben, aber weil die Hoffnung auf Ostern da ist, ein Leben, das mehr ist, als wir sehen und erleben, erkennen wir unser eigenes Leben mit neuem Blick. So stehen wir an der Weihnachtskrippe.

Unser Leben sieht anders aus, wenn wir es aus dem Blickwinkel Gottes betrachten. Natürlich nicht perfekt! Wichtiger als gutes Funktionieren sind Freiheit, innerer Frieden, Freude am Leben! Wir können rational handeln, klar denken, souverän entscheiden. Aber das ist nur die halbe Sicht. Liebe, Freundschaft, Zuwendung lassen sich nicht kaufen – doch sie tragen uns und wirken langfristig. Das klingt zu uns auch aus der Weihnachtsgeschichte. Und so geben wir den Ruf der Engel weiter: Fürchte dich nicht! Dieser Ruf ist wie ein helles Licht.

II
Der Hoffnung trauen

Die Hoffnung wachhalten

Licht scheint in der Finsternis: Genau das ist die Botschaft von Advent und Weihnachten! Finsternis sieht die Bibel dabei sehr realistisch. Die Weihnachtsgeschichte blendet gerade nicht aus, was es an Finsternis in dieser Welt gibt, eine Familie auf der Flucht, Armut, Menschen, die unbeheimatet sind. Da ist wahrhaftig Finsternis! Gegen solche Finsternis gilt es, anzutreten. Wie sagt ein neuerer Popsong: Es geht um »Krieger des Lichts« – obwohl mir die »Krieger« dabei nicht behagen als Begriff. Und doch ist das die Rolle der Religionen, denke ich, dass sie zur Hoffnung beitragen, zum Licht, zur Konfliktentschärfung. Sie verfehlen allesamt ihren Auftrag, wenn sie auch noch Öl in das Feuer von Auseinandersetzungen gießen. Ja, Finsternis ist sehr real in unserer Welt heute. Da ist: der entsetzliche Hunger unter der Bevölkerung in Afrika. Der real existierende Sklavenhandel. Das strukturelle Unrecht, die Unterdrückung der Freiheit in so vielen Ländern der Erde. Das in die Zwangsprostitution verschleppte junge Mädchen, der schwerkranke junge Mann, die durch Untreue erschütterte Ehe, das Problemkind – Weihnachten wird nicht plötzlich alles ganz harmonisch, was im Alltag problematisch ist.

Finsternis ist für viele Menschen in unserer Welt sehr real, vor allem im Krieg. Krieg soll nach Gottes Willen nicht sein, haben in Amsterdam 1948 die Kirchen erklärt. Aber nach Schätzungen starben allein »in den letzten 15 Jahren bis zu 1,23 Millionen Menschen in direkten Gefechten. Nicht mitgezählt sind all die Verwundeten und Misshandelten; all die, deren Häuser zerbombt und deren Existenzen zerstört wurden; all die, die flüchten mussten und an Hunger und Krankheiten starben.« So hat es das Magazin der Süddeutschen Zeitung im Frühjahr 2010 zusammen gefasst. Das bedeutet sehr reale Finsternis! Wir stehen heute wieder vor der Tatsache, dass Politiker Gott für Kriege, für ihre Seite, für Nationen in Anspruch nehmen. Wir hören wieder, dass Kriege als »heilig« und als »Kreuzzüge« bezeichnet werden. Dagegen müssen Christinnen und Christen weltweit aufstehen. Denn die Armeen dieser Erde haben schon immer Folter, Leid und Vergewaltigung im Gepäck geführt.

Die Botschaft von Weihnachten steht dagegen auf und sagt: Gott ist nicht weit weg, irgendwo ganz fern von uns. Gott kommt als Kind zur Welt. Ein Kind, das ist ganz besonders verletzlich, das wissen wir aus den Kriegen dieser Welt nun ganz gewiss. Kinder sind auch heute die Hauptopfer der bewaffneten Konflikte und Kriege dieser Welt. Allein in den letzten zehn Jahren wurden zwei Millionen Kinder im Krieg getötet. Zwei Millionen! Und sie waren nicht nur zufällige Opfer, nein, sie werden sogar gezwungen, als sogenannte Kindersoldaten zu agieren. Als lebende Detektoren werden Kinder in die Minenfelder geschickt, Zehnjährigen werden Maschinengewehre umgehängt. Allein in Liberia gibt es 6000 Kinder in den Armeen der unterschiedlichen Truppen des Bürgerkrieges. Sie werden gezwungen, Kämpfer zu sein. Sie lernen nie zu spielen, sie gehen nicht zur Schule, nein, sie lernen nur, wie sie kämpfen sollen. Viele müssen sogar die Ermordung ihrer Familien erleben. Kinder sind verletzlich. Gott macht sich verletzlich als Kind in dieser Welt.

Auf meinem Schreibtisch steht ein Metallkreuz, aus einer Gewehrkugel gemacht. Die Form ist nicht gerade ästhetisch schön, das Material nicht edel. Aber dieses etwas grobe Kreuz symbolisiert für mich das Ringen um Frieden. Das ist ja auch nicht leicht, es ist nie perfekt, aber unendlich kostbar. Dieses Kreuz hat eine Geschichte aus einem fernen Land: George Togba war Kraftfahrzeugmechaniker in Liberia. Im Bürgerkrieg flüchtete er sich mit seiner Familie in die lutherische St.-Peter-Kirche in Monrovia, der Hauptstadt Liberias. Während eines Massakers in dieser Kirche wurde seine gesamte Familie ermordet. »Ich rannte aus der Kirche«, berichtet George, »und schloss mich den Rebellen an.« Er wurde Soldat der Nationalen Patriotischen Front, aber ihm war das Kämpfen verhasst, er wollte nicht töten. In einem Traum hatte er die Idee, diese ganzen Gewehrkugeln und Granaten in Symbole des Friedens zu verwandeln. Er begann, aus Patronenhülsen Metallkreuze herzustellen. Die kleinen, nur fünf Zentimeter hohen Kreuze werden inzwischen über den Lutherischen Weltbund in vielen Ländern verkauft. Sie sind Symbole dafür, dass, wie es in der Bibel heißt, Schwerter zu Pflugscharen werden sollen. Früher Munition, jetzt Friedensmahnung.

Das ist eine Weihnachtsgeschichte, eine Hoffnungsgeschichte. Dazu kann der Ruf der Engel: »Friede auf Erden!« heute führen! Wir können etwas ändern, wir können zum Frieden beitragen, wenn wir uns nicht von den Feindbildern irre machen lassen, sondern unbeirrt für Frieden und Versöhnung eintreten. Das Kreuz ist das Zeichen, dass Gott uns hält, wie er Jesus Christus gehalten hat über den Tod hinaus.

Wissen die Menschen in unserem Land das noch? Wenn in diesen Tagen in unserem Land so viel von Integration die Rede ist, geschieht das oft mit mächtig aufgeblähten Worten: Dann sollten doch die Werte unseres Landes anerkannt werden! Wer sich auf die Grundlagen unserer Geschichte und Verfassung beruft, muss sich auf die jüdisch-christlichen Wurzeln besinnen. Er muss nicht Jude, sie nicht Christin werden, aber gekannt, ja respektiert werden müssen diese Wurzeln. Und: zu eben diesen Werten gehören Nächstenliebe, Gastfreundschaft, Respekt vor der Würde und der Religion des anderen. So sehr ich dafür eintrete, dass Zuwanderer nach Deutschland unsere Sprache lernen und unsere Verfassung kennen und bejahen sollen, so sehr müssen doch auch die Deutschen gefragt werden, warum ihnen das erst jetzt einfällt und in *welche* Kultur sie denn integrieren wollen. Ich bin überzeugt, das größte Problem für die Religion ist gar nicht die

Säkularisierung, es ist die Banalisierung, die Karnevalisierung. Alles ist in unserem Land scheinbar lustig, wenn wir den Fernseher oder das Radio anschalten. Ein Gag folgt dem anderen und die ganze Nation scheint heiß interessiert daran, wie sich Möchte-Gern-Stars im Dschungel tapfer mit irgendwelchen Würmern überschütten lassen. Nichts ist wertvoll, Respekt vor bestimmten Grundüberzeugungen wird lächerlich gemacht und Eltern wissen nicht, was sie ihren Kindern eigentlich beibringen sollen.

Das ist ein bisschen überspitzt, ja. Aber wenn es nur ansatzweise stimmt, muss sich niemand wundern, dass eine solche Kultur der Gleichgültigkeit, eine solche banale Spaßgesellschaft vielen Zuwanderern nicht gerade als wertvoller Entwurf für die eigene Zukunft erscheint.

Treten wir als Christinnen und Christen energisch dagegen an? Oder haben wir Angst, spießig genannt zu werden, ständige Spielverderber zu sein? Und das ist ja wahr, wenn das Christentum griesgrämig und moralisch daher kommt, ist es wenig anziehend, wohl kaum überzeugend. Respekt aber erwerben wir, wenn wir ernst nehmen, woran wir glauben. Wenn wir wahrhaftig das Gotteskind in der Krippe wieder erwarten, festhalten am Glauben und an den Traditionen. Gott wird Mensch. Ja, das ist schwer zu verstehen. Und doch auch großartig! Gott wird wie du und ich, um uns nahe zu sein. Deshalb können wir uns Gott anvertrauen in guten und in schweren Zeiten.

Ein Kind. Kein großer imposanter Herr, kein Kriegsheld. Ein Neugeborenes. Gott macht sich selbst verletzlich, kommt uns Menschen nah. Diesem Gott können wir uns anvertrauen. Das Kind in der Krippe, die Verletzlichkeit des Lebens, stellen einen Widerspruch dar gegen das Toben der Gewalt, gegen die Macht der Gewehre und der Bomben. Frieden meint ja: Menschen können ohne Angst leben, haben Nahrung und Obdach, Bildung für ihre Kinder, Gesundheitsversorgung. Als Christinnen und Christen haben wir in diesen Tagen die Hoffnung wach zu halten, dass das möglich ist auf dem Planeten Erde. Der westfälische Frieden, der einst hier in Osnabrück den 30jährigen Krieg beendete, ist ein Zeichen dafür. Gegen alle Finsternis zünden wir Licht an, erzählen die Geschichten weiter von der Zukunft Gottes, in der Krieg und Geschrei ein Ende haben werden. Das meinen die Lichter zur Weihnachtszeit: Es gibt Hoffnung in dieser Welt.

Hoffnung, die Menschen in Dunkelheit erreicht. Solche in den Kellern, die Angst vor den Bomben haben. Solche auch in den Kellern der Einsamkeit, die an Weihnachten keinen Menschen haben, mit dem sie sprechen können. Diejenigen in unserem Land, die Angst haben vor der Dunkelheit der Arbeitslosigkeit.

Kürzlich habe ich ein Plakat gesehen mit einer großen Friedenstaube über dem Erdball. Darunter stand: »Wir alten Europäer haben einen Vogel. Gott sei Dank!« Das gefällt mir. Wenn Europa ein Ort wäre, an dem nach all den Erfahrungen von Leid und Krieg endlich der Wille zum Frieden stärker ist als die Rechthaberei. Wenn wir endlich den Mut hätten zu einer Kontrastperspektive, wie die Bergpredigt sie entwirft. Wenn wir für Gerechtigkeit und Frieden eintreten, für Gewaltüberwindung und Bewahrung der Schöpfung mit der angemessenen Gelassenheit, Hoffnung und auch Heiterkeit des Glaubens. Dann stehen wir in der Nachfolge des Kindes in der Krippe, das für uns das Licht der Welt ist. Ja, es scheint, mitten in der Finsternis. Und auch durch dich und mich.

Die Ankündigung der Geburt des Gotteskindes ist wie ein Stern am Himmel, ein Licht über dieser Welt, das sagt: »Gebt nicht auf, lasst euch nicht entmutigen! Behaltet die Vision im Auge, dass etwas verändert werden kann!«

Zuhause sein

Ein Schlüsselbund sagt mir: »zuhause«. Das ist eine zentrale Sehnsucht von uns. Immer wieder im Leben. Der Philosoph Ernst Bloch hat das in seinem wichtigen Werk »Das Prinzip Hoffnung« einmal wunderbar in Worte gefasst: »Die Wurzel der Geschichte aber ist der arbeitende, schaffende, die Gegebenheiten umbildende und überholende Mensch. Hat er sich erfaßt und das Seine ohne Entäußerung und Entfremdung in realer Demokratie begründet, so entsteht in der Welt etwas, das allen in die Kindheit scheint und worin noch niemand war: Heimat.«

Wir wollen alle beheimatet sein, irgendwo hingehören. An einem gedeckten Tisch willkommen, ja, erwartet sein. Einfach nach Hause kommen, geliebt werden, da sein, uns angenommen wissen. So wie du bist, jetzt und heute. Da gibt es die alte biblische Geschichte vom Vater, der den Sohn wieder aufnimmt. Ohne jeden Vorwurf. Einfach nur so, weil er ihn liebt. Gut, der ältere Sohn ist eifersüchtig. Auch das kennen wir. Bei anderen, aber auch bei uns selbst. Es ist menschlich, dieses Gefühl: ich habe immer treu alles getan, was gefordert wurde und trotzdem geht es mir nicht besser als anderen. Warum wird er geliebt und ich nicht so, wie ich es aus meiner Sicht verdient hätte? Ist das nicht ungerecht? Wo gehöre ich dann hin mit meiner

Sehnsucht, meinem Wunsch nach Angenommensein, nach einem »zuhause«?

»Sie hatten keinen Raum in der Herberge«, heißt es bei Lukas (2,7) in der Weihnachtsgeschichte, die auch heute Abend wieder in vielen Kirchen gelesen wird. Keinen Raum, keine Herberge, kein »zuhause«. Deshalb, so weiß der Evangelist, wickelt Maria das Kind in Windeln und legt es in eine Krippe. Da ist noch gar keine Rede von einem Stall, der ein Dach bietet und eventuell sogar die Wärme der Tiere. Vielleicht war es nur eine Vertiefung oder ein schlichter Holztrog. Wie auch immer es gewesen sein mag: heimelig war es sicher nicht. Und eben auch nicht das, was wir uns unter einem »zuhause« vorstellen. Der Ort, an dem uns Jesu Geburt geschildert wird, war nicht frisch geputzt, nicht vorzeigbar oder gar romantisch. Maria und Josef waren unterwegs, am Ende mit dem Neugeborenen auf dem Weg nach Ägypten. Schwanger auf dem Weg in die Fremde, später auf der Flucht ins Ausland – Was heißt das für eine junge Frau? Wie viele Ängste gibt es da!

Die Erzählung des Evangelisten Lukas zeigt deutlich: Gott kam nicht in eine ideale Welt. An diesem Ort der Geburt Jesu ist nichts perfekt – und genau das finde ich bewegend. Gott kommt in eine Wirklichkeit, die nicht poliert und aufbereitet ist, sondern bodenständig und echt, mit Ecken und Kanten, mit Fragen und Zweifeln, mit Dreck und Gestank. Gott hat kein wohliges »zuhause«, zumindest keines, das menschlichen Idealvorstellungen entspricht. Jesus selbst hat später einmal von sich gesagt: »Die Füchse haben Gruben, und die Vögel unter dem Himmel haben Nester; aber der Menschensohn hat nichts, wo er sein Haupt hinlege.« (Lukas 9,58).

Doch genau von diesem Leben, das nach menschlichen Maßstäben so heimatlos scheint, wird der Impuls für ein ganz neues Miteinander unter den Menschen ausgehen. Jesus wird deutlich machen: gerade weil Gott in die Tiefe gekommen ist und alles Menschenmögliche durchlebt, erlitten und schließlich überwunden hat, muss auch in unserem Leben, in unserer Welt nichts so bleiben, wie es war.

So kommt es sicher nicht von ungefähr, dass der, der unbeheimatet zur Welt kam, uns später den Auftrag gegeben hat, anderen Menschen Heimat und Schutz zu bieten. In seinen Abschiedsreden spricht Jesus davon, dass wir Hungrige speisen, Durstige versorgen, Fremdlinge beherbergen, Nackte kleiden, Kranke und Gefangene besuchen sollen und so für die Umkehrung bestehender Verhältnisse sorgen können. Dass Menschen in innerer und äußerer Heimatlosigkeit eine Beheimatung möglich wird, diese Botschaft geht von dem Leben aus, das selbst so unbeheimatet begann.

Auf den ersten Blick ist ein Schlüsselbund sicher kein sehr weihnachtliches Motiv im gewohnten Sinne. Und doch drückt es die Sehnsucht der Heiligen Nacht aus. Ich bin überzeugt, viele Menschen haben eine solche Sehnsucht nach Zugehörigkeit und Gemeinschaft, nach Ankommen und Beheimatung. Du darfst dich fallen lassen. Musst nicht mehr scheinen als sein. Angenommen, angesehen, weil du angenommen und angesehen bist.

Das müssen die ersten Jüngerinnen und Jünger gespürt haben: bei Jesus waren sie angenommen, beheimatet. Von Anfang an ist es ja nicht gerade eine Elitetruppe, die zusammen kommt. Petrus verleugnet Jesus, kaum ist der verhaftet. Maria Magdalena hat einen zweifelhaften Ruf. Paulus hat Christen verfolgt, bevor er selbst einer wurde. Das ist für uns doch auch ermutigend! Wir können mit unseren kleinen Mitteln etwas tun! Wir können für unseren Glauben einstehen in der Nachbarschaft, in der Schule, am Arbeitsplatz. Wir dürfen wissen: ich bin eine angesehene Person, weil Gott mich ansieht. Mit all meinen Fragen, Problemen, mit all meinem Scheitern, bin ich willkommen bei Gott. Der Schlüssel meines Glaubens schließt die Tür auf. Bei Gott kann ich zuhause sein. Ich darf ankommen, zuhause sein. Und ich kann anderen die Tür öffnen.

Friede auf Erden!

Frieden auf Erden – und die liebe Familie

»Und Friede auf Erden!«, ruft es von Weihnachten her in den Advent. »Die Engel kennen meine Familie nicht«, wird da so mancher denken. Von wegen heilige Familie und frohe Weihnachten … Der Krach mit der Schwiegermutter, mit meinem Bruder bin ich total entzweit, über die Kinder einfach nur enttäuscht, und über meine Ehe will ich gar nicht erst reden. Frieden in der Familie – das heißt für mich: lasst mich alle in Ruhe.

Der Roman »Die Korrekturen« von Jonathan Frantzen schildert auf unnachahmliche Weise die Spannung zwischen der Abwehr von Familie und die Sehnsucht nach ihr. Die Großmutter will ein letztes wunderbares Familienweihnachten mit allen Kindern und Enkeln feiern. Aber da gibt es Widerstände, groteske Situationen, weil die Familienwelt eben nicht heil ist und manche Vorfälle aus der Vergangenheit unbearbeitet blieben. Und dann zeigt sich wieder eine tiefe Nähe, die wohl nur Familienmitglieder untereinander kennen …

Ja, die Familie ist in einer Krise, von Frieden keine Rede, weder nah noch fern. Ein Soziologe erklärte neulich, wir hätten heute nicht mehr so viele Eltern mehrerer Kinder, aber dafür umso mehr Kinder mehrerer Eltern. Patchworkfamilie heißt das. Und solche Konstellationen bringen natürlich zusätzliche Konflikte. Beispielsweise: Wer verbringt bei wem Heilig Abend? Zweimal Bescherung? Und die Großeltern? – Auch die anderen Fragen gibt's überall: Schenke ich meiner Schwester nun etwas oder nicht? Wir wollten es ja lassen, aber was, wenn sie mir nun trotzdem etwas schenkt? Dann will ich nicht mit leeren Händen dastehen! Besuchen wir die Schwiegermutter am ersten Feiertag? Die Kinder haben keine Lust, und wir sitzen doch nur rum und haben uns nichts zu sagen … Soll ich mich tatsächlich für Stunden in die Küche begeben, bloß weil es traditionellen Gänsebraten geben soll? O ja, da kann Advent schon zum Familienstress ausarten.

Leider also alles gar nicht so friedlich und in der Advents- und Weihnachtszeit vielleicht sogar noch schwieriger als sonst. Denn da sind ja die großen Erwartungen, dass zum Fest der Liebe alles so schön ist wie in der Jacobs-Krönung-Kaffee-Werbung. Das Jesuskind in der Krippe mit Maria und Josef, es ist geradezu ein Sinnbild für heile Familie.

Jesus selbst aber hat durchaus erfahren, was es heißt, familiäre Auseinandersetzungen durchzustehen. Es ist nachzulesen, wie er seine Mutter und seine Geschwister schroff zurückgewiesen hat, als sie ihn nach Hause holen wollten. Und doch: unter dem Kreuz steht sie, seine Mutter, und hält ihm die Treue.

Im ersten Timotheusbrief ermahnt der Schreiber, dass Christinnen und Christen das, was sie glauben und wovon sie erzählen, zuallererst in der Familie umsetzen sollen. Zum Beispiel steht da:

Wenn eine Witwe Kinder oder Enkel hat, so sollen diese lernen, zuerst im eigenen Hause fromm zu leben.

Das ist eine strenge Mahnung. Und doch ist sie bis heute treffend. Wir können viel vom Weltfrieden, von der Notwendigkeit der Versöhnung reden, wir können schnell urteilen, warum die da in Israel und Palästina keinen friedlichen Weg finden. Aber es ist gar nicht so einfach, im Alltag Frieden zu schaffen, der nicht nur eine oberflächlich heile Welt darstellt. Sich die Zeit nehmen, die Mutter zu besuchen. Die Kinder gewaltfrei erziehen. Nicht brüllen vor Zorn, wenn die Ehe knirscht. Niemand ist perfekt. Aber vielleicht ist der Advent ja auch eine Zeit, kleine Schritte einzuüben. So nach Pfadfindermanier: jeden Tag eine gute Tat. Jeden Tag ein kleiner familiärer Friedensschluss …

Friede – und das Miteinander der Generationen

»Und Friede auf Erden« ruft es von Weihnachten her in den Advent. Aber in unserer Zeit treibt ein besonderer Unfriede Urstand. Es geht um die Alten im Lande. Sie werden als »Alterspyramide« bezeichnet, sie sind die Fußangel der Krankenkassen, sie belasten die Pflegeversicherung. Da titelt eine Tageszeitung: »Wie schützen wir die Jungen vor den Alten?« Viel Furcht gibt es, viel Angstmacherei und wenig Solidarität, wenig Lösungskonzepte. Weisheit des Alters, Würde des Alters, das spielt keine Rolle in einer Gesellschaft, die geradezu vernarrt ist in die Jugend. Eine ganze Ausgabe des Wochenmagazins »Der Spiegel« wurde den Möglichkeiten gewidmet, dem Altern äußerlich Einhalt zu gebieten. Da gibt es Facelifting und Fettabsaugen, der Mensch kann sich Nervengifte unter die Falten spritzen lassen und Silikon wird an den unterschiedlichsten Stellen eingepflanzt. Schöne neue Welt.

Alle Operationen werden aber nicht verhindern, dass Menschen in unserem Land alt werden. Dass ihnen manches langsamer von der Hand geht, dass sie an der Supermarktkasse nicht locker die EC-Karte zücken, sondern mühsam versuchen, Geldstück um Geldstück zusammenzuzählen. Dafür gibt es wenig Geduld. Und wenn die Alten erst im Pflegeheim sind, werden sie schnell vergessen. Apropos: Wer will schon ins Altenheim? Dahin gehen nur noch die sozusagen »hoffnungslosen Fälle«, die Demenzkranken, die Altersverwirrten, diejenigen, die sich gar nicht mehr allein helfen können. Pflegestufe 1 ist das Minimum. So ist ein Altenheim heute oft nicht mehr der Ort gemeinsamen Älterwerdens, sondern droht zur Verwahranstalt zu werden. Und unter dem Druck der Kosten hat das Pflegepersonal kaum noch Zeit zur persönlichen Zuwendung.

Das tut weh. Allein sein. Nicht mithalten können. Belächelt werden. Spüren, dass alle Zuneigung abgerungen ist, letzten Endes niemand Zeit hat. Oder gar Lust, sich mit dir zu befassen. Alterseinsamkeit ist grausam. Und es sage niemand, die Pflege zu Hause sei so viel besser als im Heim. Was denn, wenn die Schwiegertochter völlig überfordert ist? Wohin sich wenden, wenn die Gängelei unerträglich wird? Gewalt gegen alte Menschen ist ein verdecktes Phänomen, ein Tabu.

Das war zu biblischen Zeiten anders. Es gab Respekt vor dem Alter, Weisheit und Erfahrung standen höher im Kurs als Jugend und kurzlebige Modethemen. Aber ein Psalmwort zeigt: Die Sorge, mit dem Älterwerden auch einsam und schwach zu sein, ist ein uraltes Motiv. Im Psalm 71 heißt es:

Verwirf mich nicht in meinem Alter,
verlass' mich nicht, wenn ich schwach werde.

Das ist nun zuallererst ein Ruf an Gott, ein Flehen um Gottes Hilfe. Lass mich nicht allein, bleib bei mir. Halt mich auch, wenn die Kräfte nachlassen, auch im Tod. Aber der Ruf ist natürlich auch ein Ruf an andere Menschen: Lasst mich nicht allein. Habt Geduld mit mir. Schiebt mich nicht einfach ab.

Frieden im Land ist nicht möglich ohne Frieden zwischen den Generationen, ohne Rücksicht auf die Schwachen. Wir alle erinnern uns an das Märchen, in dem der Großvater mit einem grobgeschnitzten Holzlöffel essen muss, weil er immer so kleckert. Erst als der Enkel einen solchen Löffel für die eigenen Eltern schnitzt, erkennen diese: eines Tages – und so lange ist das gar nicht mehr hin – werden wir an der Stelle der Alten stehen.

Wie wäre es damit, im Advent einen besonderen Besuch zu machen, bei alten Verwandten, einer Nachbarin, in einem Pflegeheim? Ein bisschen Adventsglanz würde da sicher strahlen.

Friede – und die Männer und Frauen

»Und Friede auf Erden!«, ruft es von Weihnachten her in den Advent. Aber wie sieht es beispielsweise mit dem Frieden zwischen Frauen und Männern aus? Immer wieder hagelt es Schläge, gibt es heftige Auseinandersetzungen, zertrümmerte Beziehungen, die ein Leben lang weh tun.

Gewalt ist tatsächlich ein Männerphänomen. In Niedersachsen gibt es seit kurzem einen Aktionsplan zur Bekämpfung häuslicher Gewalt. Der Kernsatz: Wer schlägt, geht. Gewalttätige Ehemänner und prügelnde Väter werden eine Woche oder länger aus dem Haus entfernt. Nicht die Frau und die Kinder müssen gehen, in ein Frauenhaus fliehen, sondern der schlagende Mann. Es ist ein großer Fortschritt, dass Polizei und Justiz sich auf die

Seite der Opfer stellen. Vor Jahren galt Gewalt gegen Frauen noch als »Sachbeschädigung«, weil die Frauen vor dem Gesetz mehr oder weniger als Eigentum ihrer Ehemänner galten. Das neue Programm kann einige Erfolge aufweisen.

Aber ist es wirklich so, dass Frauen und Männer sich einfach nicht verstehen können, wie es ein Buch (übrigens ein Bestseller!) unter dem Titel: »Warum Männer nicht zuhören und Frauen schlecht einparken können« erläutert? Männer und Frauen sind verschieden – ein Glück, denn das macht ja auch ihre Anziehungskraft zueinander aus. Und es ist sicher gut und normal, dass Frauen und Männer je untereinander eigene Themen und Gesprächskulturen haben. Aber ebenso wichtig ist, dass sie versuchen, einander zu verstehen. Und klar ist: Eine gute Beziehung gibt es nur in Respekt voreinander, ohne Unterordnung und vor allem ohne Gewalt. Wie sollen Kinder das lernen, wenn sie es zu Hause nicht erleben?

Das Johannesevangelium erzählt von einem intensiven Gespräch zwischen Jesus und einer Frau am Brunnen. Der Rabbi und die Ausländerin, der Mann und die Frau, sie ringen um gegenseitiges Verstehen. Nun geht es Johannes sicher vor allem um theologische Fragen, um das Gottesverständnis, die Erkenntnis, dass Jesus der Messias ist. Aber dieses Kapitel ist ein wunderbares Zeugnis für Respekt von Mann und Frau voreinander, von Geduld miteinander, von Lust am Gespräch. Diese Ernsthaftigkeit

des Gespräches müssen auch die Jünger gespürt haben,
denn es heißt:

*Unterdessen kamen seine Jünger und sie wunderten
sich, dass er mit einer Frau redete; und doch sagte niemand: Was fragst du? Oder: Was redest du mit ihr?*

Wahrscheinlich trägt zum Frieden zwischen den Ge-
schlechtern zuallererst bei, dass wir uns Zeit nehmen füreinander, zuhören, versuchen, zu verstehen, die andere
Perspektive einzunehmen. Aber das braucht Zeit und
auch Geduld. Wie wär's mit einem Versuch im Advent?
Laden Sie ihren Partner, ihre Ehefrau, ihre Freundin zu
einem schönen Essen mit einem Glas Wein ein. Wäre doch
gelacht, wenn wir keine Verstehensbrücken finden. Friede
wächst schließlich in kleinen Portionen …

Friede – und der Hass der Völker

»Und Friede auf Erden!«, ruft es von Weihnachten her in
den Advent. Aber daran könnte der Mensch doch verzweifeln, oder? Nehmen wir allein das Heilige Land.
Selbstmordattentate von Palästinensern zerfetzen Menschen, die in einem Bus fahren oder einkaufen oder einfach nur einen Kaffee trinken wollen. Vergeltungsschläge
der israelischen Armee zerstören die Wohnungen der
Flüchtlinge. Wir sehen Kindergesichter, die Angst und
Wut vereinen. Da bedrohen Bewaffnete Menschen, die
sich auf einen Musicalabend gefreut haben. Und sind

gleichzeitig die Opfer eines grausamen Krieges. Russen und Tschetschenen – wie soll da Versöhnung wachsen? Vor Jahren war ich in Armenien: das Massaker der Türken ist noch immer im Gedächtnis – wer kann diese Erinnerung aufarbeiten? Tutsi und Hutu in Ruanda – ein Massaker an Hunderttausenden in nur wenigen Tagen – wie kann Frieden entstehen?

Manches Mal scheint die Sache des Friedens hoffnungslos. Wir lesen die Meldungen, wir kennen die Geschichte und fragen uns, was oder wer Völker in solchen Hass treibt. Aber selten erzählen wir die kleinen Hoffnungsgeschichten: Eine Türkin und ein Kurde, die ein Paar sind, sich lieben und ihre neu gegründete Familie als Friedenszeichen verstehen. Ein Mann, der nach 27 Jahren aus dem Gefängnis kommt und nicht nach Vergeltung schreit, sondern Mut hat zur Versöhnung von Schwarz und Weiß in Südafrika. Oder: auf dem jüdischen Friedhof in Göttingen ist ein christlich-jüdisches Paar begraben. Die christliche Ehefrau hatte ihren jüdischen Mann vor den Pogromen der Nazis im Keller versteckt. Richard Gräfenberg überlebte. Als er 1951 starb, fand sich in seinem Testament der Wunsch, gemeinsam mit seiner Frau Helene begraben zu werden. Aber Christen auf einem jüdischen Friedhof beerdigen – das geht nicht. Die jüdische Gemeinde fand eine wunderbare und weise Lösung: Das Grab wurde mit einer Hecke abgegrenzt – und so wurde seine Frau 1957 hier bestattet. Zwischen den Hecken ein Zeichen des Friedens.

Die Bibel hat eine wunderbare Vision. Eines Tages werden alle Völker ein Volk sein. Im Buch der Offenbarung heißt es:

Und er wird bei ihnen wohnen
und sie werden sein Volk sein
und er selbst, Gott mit ihnen, wird ihr Gott sein.

Dieses Motiv zieht sich durch das biblische Zeugnis. Eines Tages, in Gottes Zukunft, werden die Menschen nicht mehr nach Gott fragen müssen, zweifeln, sondern Gott wird mitten unter uns sein und wir ein Volk. Alle Auseinandersetzung, alles Leiden, aller Krieg werden ein Ende haben.

Und was kann das für den Advent heißen? Eigene Vorurteile prüfen beispielsweise. Alle Türken Kümmelfresser? Und die Kanaken – wussten Sie, dass das ein uraltes Volk im Pazifik ist? So sind sie, die Russen, die kennen keine Gnade. Die Amis sind halt oberflächlich, fett und haben keine Ahnung. Alle Iraker Kriminelle, alle Muslime Terroristen? O ja, wir sind sehr leicht zu Vorurteilen und Urteilen zu verführen. Der Advent als kleines Reinigungsprogramm für pauschale Vorurteile – das wäre im Sinne der Vorbereitung auf die Ankunft des Gottessohnes. Er jedenfalls ist ihnen vorurteilsfrei begegnet, den Menschen aus allen Nationen. Und er will seine Botschaft des Friedens in alle Welt schicken – auch durch uns.

Friede – und die ungerechte Welt

»Und Friede auf Erden!«, ruft es von Weihnachten her in den Advent. Aber nein, es ist kein Friede auf Erden. Die einen sind reich, die anderen arm. Während in den Ländern des Nordens die Fettleibigkeit zu Wohlstandskrankheiten führt, verhungern täglich 24 000 Kinder wegen ihrer Mangelernährung. Während bei uns mit Billigpreisen für Kaffee geworben wird, erleben die Kaffeeanbauer in Äthiopien oder Brasilien, dass die Preise in den Keller fallen und sie trotz ihrer vielen Arbeit nicht überleben können. Während hier die Teppiche aus Handarbeit angepriesen werden, verkaufen Menschen in Indien ihre Kinder in die Sklaverei, wo sie 14 Stunden und mehr täglich Teppiche knüpfen.

Wer sich das alles anhört, ansieht, kann verzweifeln. Viele schauen deshalb lieber weg, ertragen das ganze Elend nicht. Da schauen wir lieber fern, lassen uns ablenken, denken über das neue Sofa nach. Lieber wegschauen, weil wir doch nichts ändern können?

Aber ist die Welt, ist die Frage der Gerechtigkeit wirklich ein hoffnungsloser Fall? In Psalm 85 heißt es:

Gerechtigkeit und Friede werden sich küssen.

Ich finde, das ist ein wunderschönes Bild. Über dem Tor des Gothaer Schlosses können wir es richtig sehen: Frieden und Gerechtigkeit als zwei Frauen, die sich küssen.

Das ist die Hoffnung der Bibel: eines Tages, da werden der Hass und die Strukturen der Ungerechtigkeit, des Unrechts und des Unfriedens überwunden. Wir brauchen solche Hoffnungsbilder! Und zwar nicht, damit wir uns zurücklegen und sagen: Gott wird's schon richten. Nein. Ich bin überzeugt, die großen Hoffnungen der Bibel sind Wegweiser bis in den Alltag hinein.

Wir werden uns nicht mit der Ungerechtigkeit abfinden. Wir wollen die Augen nicht davor verschließen, was in anderen Ländern geschieht. Es ist ein Skandal, dass die Etats der Entwicklungshilfe stetig sinken, wir aber weiterhin davon profitieren, dass die Näherin unserer Joggingschuhe 70 Cent pro Paar verdient, während wir 100 Euro bezahlen. Da stimmt etwas ganz und gar nicht. Deshalb beteiligt sich die Kirche beispielsweise an der cleanclothes campaign. Die Kampagne für sogenannte »saubere Kleidung« fordert menschenwürdige Arbeitsbedingungen und die Zahlung eines Lohns, der die Existenz sichert in den Ländern, in denen unsere Bekleidung hergestellt wird.

Übrigens: der Heilige Nikolaus von Myra, an den wir am Nikolaustag denken, hat ja auch einfach die eingerichteten Strukturen durchbrochen. Als die Bevölkerung hungert, lässt er Getreide von den Schiffen des Kaisers abladen. Eine andere Legende erzählt, dass er die Schätze der Kirche hergegeben hat, als Piraten drohen, die Kinder der Stadt zu entführen. Er hat die ungerechten Strukturen einfach durchbrochen, um Leben zu retten. Daran denken wir bis heute ...

Wie wär's also mit einem kleinen Friedensschritt im Advent: Kaffee aus fairem Handel zum Adventsnachmittag.

Friede – und die bedrohte Schöpfung

»Und Friede auf Erden!«, ruft es von Weihnachten her in den Advent. Der Unfriede aber zeigt sich täglich auch im Verhältnis der Menschen zur gesamten Schöpfung Gottes. Noch immer sieht sich der Mensch als Krone der Schöpfung, die er hemmungslos nutzt, benutzt, ausnutzt, beherrscht. Das allerdings sehr unterschiedlich. 75 % der Treibhausgase, 70 % der FCKW, die die Ozonschicht zerstören, 70 % des Erdöls werden in den reichen Ländern verbraucht. Unter den Auswirkungen der Klimakatastrophe aber leiden vor allem die Menschen in den wenig entwickelten Ländern. So gibt es erhöhte Hautkrebsraten in Chile und Argentinien, Wirbelstürme in der Karibik, ausgedehnte Trockenzeiten in Afrika und eine Bedrohung durch die Erhöhung des Meeresspiegels aufgrund der Erderwärmung in Bangladesh und auf den Südseeinseln. Und das ist nur die Perspektive des Klimas. Noch gar nicht erwähnt sind die Umweltzerstörung durch den verschwenderischen Ressourcenverbrauch, die Zerstörung der Regenwälder, die Minderung der Artenvielfalt und so vieles andere mehr.

Dabei sollten wir längst gelernt haben: es geht um Bebauen und Bewahren. Spätestens seit der Club of Rome 1974 uns dramatisch die »Grenzen des Wachstums« vor Augen geführt hat, ringen wir um Mäßigung. Seit der Weltumweltkonferenz in Rio de Janeiro 1992 ist Nachhaltigkeit das Schlagwort. Die sozialen, die ökologischen und die ökonomischen Perspektiven sollen zu einem Ausgleich kommen. Viel Theorie, viele Worte, wer soll das alles verstehen, was können wir tun?

Im Römerbrief schreibt der Apostel Paulus, dass

die ganze Schöpfung bis zu diesem Augenblick
mit uns seufzt und sich ängstet.

Und vom ängstlichen Harren der Kreatur, »dass die Kinder Gottes offenbar werden.« Die Schöpfung seufzt also mit uns. Sie ängstet sich mit uns. Das ist ein besonderer Gedanke. Aber er ist nachvollziehbar bis heute, finde ich. Wir sehen einen Vogel, der nicht weiß, wohin, weil die Luft über Tokio völlig verpestet ist. Da ist die Trauer, die wir spüren, wenn wir einen riesigen Urwaldbaum fallen sehen. Ich verstehe Paulus so, dass wir am Zug sind. Wir verstehen die Welt doch als Schöpfung, Gott als Schöpfer. Und wenn wir uns als Kinder Gottes erkennen, dann werden wir uns auch als Haushalterinnen und Haushalter Gottes verstehen. Dann werden wir nicht einfach täglich hinnehmen, was an Zerstörung geschieht, sondern darum ringen, die Schöpfung zu bewahren. Das klingt altmodisch, ich weiß, aber es geht um unseren Lebensstil.

Der Advent wäre doch eine gute Gelegenheit, einige Schritte zu gehen. Es gibt die kleinen Schritte in unserem Alltag. Einmal mit dem Fahrrad zum Briefkasten und nicht mit dem Auto. Nicht sauer auf seinen Mann sein, wenn er das Standby vom Fernseher ausschaltet. Die Heizung runterdrehen. Vielleicht ein bisschen wenig, ich weiß. Aber doch kleine Schritte, gerade im Advent.

Einander annehmen

Vor kurzem habe ich gelesen, wie ein politisch korrekter Weihnachtswunsch lautet: »Wir wünschen ein frohes, gleichberechtigtes, umweltbewusstes, sozial verantwortliches, geschlechtsunspezifisches und generell antidiskriminatorisches Winterfest innerhalb der respektablen Traditionen der religiösen Überzeugungen Ihrer Wahl.«

Das mag korrekt sein – aber Weihnachten ist es nicht! Darum ist es gut, im Advent und an Weihnachten in die Kirchen zu gehen. Denn in den Kirchen wird erzählt und weiter gegeben, worum es an Weihnachten wirklich geht. Hier ist der Ort, der alten Weissagung des Propheten Jesaja nachzusinnen, die Menschen seit Jahrtausenden bewegt. Und dies ist die Zeit, wieder das Lukasevangelium zu hören, damit wir wissen, mit welcher Geschichte das Geheimnis von Weihnachten beginnt. »Es begab sich aber zu der Zeit, dass ein Gebot von dem Kaiser Augustus ausging…« »Ein Kind ist uns geboren!« Wir glauben, dass Gott so in die Welt kam. Das Kind ist das Geschenk Gottes, über das wir uns freuen. Weil Gott uns auf diese Weise zuallererst beschenkt, schenken wir einander etwas an diesem Fest.

Im 7. Kapitel des Johannesevangeliums heißt es:

Da rief Jesus, der im Tempel lehrte: Ihr kennt mich und wisst, woher ich bin. Aber nicht von mir selbst aus bin ich gekommen, sondern es ist ein Wahrhaftiger, der mich gesandt hat, den ihr nicht kennt. Ich aber kenn ihn; denn ich bin von ihm und er hat mich gesandt (Johannes 7,28–29).

Wir müssen uns die Situation vorstellen, in der Jesus das sagt: Er lehrt im Tempel. So manche empören sich: Wie kann der predigen, der hat das doch gar nicht gelernt! Was bildet der sich ein? Ich bitte Sie! Man weiß doch, wer der ist, der Sohn eines einfachen Zimmermanns aus Nazareth! Nicht gerade eine feine Familie, aus der er kommt. Da könnte man fast von Unterschicht reden, neudeutsch »Prekariat«. Weiß der denn nicht, dass man schon ein Auge auf ihn hat? Wäre besser, der junge Mann würde sich etwas mäßigen...

Jesus hält diesen Kritikern in großer innerer Freiheit entgegen: Ich komme von ganz woanders her! Ihr begreift das nicht. Eure Enge, euer Einteilen in Falsch und Richtig, sie machen euch unfrei. Überlegt doch, wer ihr überhaupt seid! Was ist mit eurem Leben? Wie versteht ihr euch? Vertraut ihr auf Gott?

Der Evangelist Johannes ist gar nicht so interessiert an den Umständen der Geburt wie Lukas, von dem wir all die schönen Geschichten haben von Engeln und Hirten oder wie Matthäus, der von den Weisen aus dem Morgenland berichtet. Johannes ist wichtig: Dieser Mann kommt von Gott. Und von seinem Ende her verstehen wir, wer er ist! Weil er den Tod überwunden hat, ist er das Licht der Welt. Denn der Tod ist die größte Dunkelheit des Lebens.

Menschen damals wie heute blenden den Tod gern aus. Viele schauen auch viel lieber auf die Krippe als auf das Kreuz, eine Geburt scheint so hoffnungsvoll. Das Kreuz ist und bleibt doch eher ärgerlich. Wenig erfolgreich, der junge Mann am Ende. Aber dieser Jesus Christus erklärt uns: Ich komme aus Gottes Ewigkeit und zeige euch, dass auch ihr Teil dieser Ewigkeit Gottes seid. Wir sind gehalten! Wir befinden uns im Segenskreis Gottes.

Der Evangelist Johannes gibt die Antwort auf diese große Frage auch für uns: Woher komme ich, wohin gehe ich? Ihr seid auf einem Weg zu Gott hin, aber ihr kommt auch schon von Gott her. Gott selbst kommt euch entgegen. Das erinnert an einen der Lichterbögen, die wir in der Advents- und Weihnachtszeit so gern in unsere Fenster stellen. Der Bogen beschreibt das Leben von Geburt bis Tod, das Wachsen und Werden und das Vergehen. Gottes Bogen aber ist anders herum: Wir kommen von Gott her und gehen zu Gott, dazwischen gibt es Bodenberührung auf Erden sozusagen. So beschreibt Johannes Herkunft und Weg Jesu und damit auch für uns die Möglichkeiten Gottes für unser Leben.

Ein solcher Bogen benötigt Spannung, um zu halten. Die Familie der Kinder Gottes weiß sich gehalten in dieser Spannung von Gottes Liebe her über Geburt, Leben und Sterben bis hin zum Sein bei Gott. Auf diesem Weg auf die Ewigkeit hin halten wir uns gegenseitig in

Beziehungen, in Partnerschaften, als Freundinnen und Freunde, in Familien. Dabei sind die Familien bei weitem nicht so perfekt, wie es uns die Werbung gern zeigt. Aber das macht nichts, bei Josef und Maria damals war es doch wahrhaftig auch nicht perfekt. Auf Beziehung, das Miteinander, unsere Achtsamkeit aufeinander kommt es an.

An Weihnachten hören wir: Du musst gar nicht perfekt sein. Stehen wir zu unseren Schwächen! Sprechen wir aus, was uns belastet. Nehmen wir uns Zeit, anderen zuzuhören! Oder feiern wir einfach miteinander, so wie wir sind, und versuchen nicht, gerade in dieser Zeit und an diesem Abend, die anderen zu ändern oder anders zu sein, als wir wirklich sind. Gott kannst du ohnehin nichts vormachen. So, wie du bist, kannst du vor Gott treten. Gott liebt nicht die am meisten, die am Besten aussehen, die das Größte leisten. O ja, die Erfolgreichen liebt Gott auch, so ist das nicht. Ich denke schon, dass Gott sich mitfreut, wo etwas gelingt. Und die Erfolgreichen sind oft besonders gefordert, sie dürfen sich freuen und sie sollen Verantwortung übernehmen. Gott will doch erfülltes Leben. Wenn du glücklich bist, sei das aus ganzem Herzen, mit ganzer Seele und danke Gott dafür! Dankbarkeit vergessen wir zu oft.

Aber gerade das gebrochene Leben will Gott stärken. Da, wo du in der Schule nicht mithalten kannst, hält dich Gott. Wie einsam muss einer sein, der sich völlig isoliert und mit der Waffe auf andere losgeht? Wenn du überfordert bist, Fehler machst, betrogen hast – vertrau dich Gott an.

Ich bin überzeugt, dass Gottvertrauen auch Mut macht zum Vertrauen in andere Menschen. Da kann die junge Frau, die abtreiben will, den Schritt gehen, sich anderen zu vertrauen. Der Vater, der sein Kind geschlagen hat, findet die Kraft, sich Hilfe zu holen. Die Ehefrau, die ihre vermeintlich so heile Welt nicht mehr erträgt, traut sich, darüber zu reden. Das ist oft der erste Schritt in die Veränderung: Die Fassade einreißen, sich anvertrauen. Wir wissen, woher wir kommen und wir wissen, wohin wir gehen. Weil wir gehalten sind von Gott, können wir unseren Fehlern und Macken, unserem Versagen und unserer Trauer ins Gesicht sehen.

Weil wir uns als Christinnen und Christen gehalten wissen, können wir über Schwächen reden. Wir müssen nicht die starken Macher markieren. Die Vertrautheit, die das Bild von Maria, Josef und dem Kind ausdrückt, sie ist kein Perfektionismus, der Familien unter Druck setzen muss. Es ist die Freiheit, sich bei Gott geborgen zu wissen. Weil wir uns geliebt wissen, können wir lieben. Niemand muss einsam sein, nicht in der Familie und nicht ohne Familie, weil Gott uns hält und wir vertrauensvoll auf andere zugehen können. Wir können uns an unseren Familien freuen! Bei allem Klagen über die Lage von Familien und Kindern in diesem Land, gibt es doch auch vieles, was gelingt. Heute feiern wir das große Fest der Familie und die meisten Menschen im Land kommen als Familien zusammen im engeren oder weiteren Miteinander. Das ist auch ein Segen.

Das alles soll nun keine Abschottung von der Welt

bedeuten. Jesus geht mit seiner Botschaft an die Öffentlichkeit. »Frei und offen« redet er, heißt es im Johannesevangelium. Ich bin überzeugt, wer sich so gehalten weiß, wer sich geliebt weiß von Gott, vertraut sich nicht nur anderen Menschen an, sondern hat auch die innere Freiheit, zu reden, auch wenn es anderen nicht genehm ist. Freiheit ist nicht umsonst das Leitmotiv der Reformation. Und so werden wir reden als Christinnen und Christen für Gerechtigkeit und gegen die Ökonomisierung aller Lebensbereiche. Wir werden eintreten für die Freiheit der Rede und die Freiheit der Kunst. Wir werden immer wieder die Botschaft »Friede auf Erden« der Engel weiter sagen gegen alle Kriegsmaschinerie und gegen allen Rüstungswahn. Wir werden für die Würde der Alten und Kranken eintreten, die nicht mithalten können in der Leistungsgesellschaft. Wer schwach und verletzbar ist im Leben hat den gleichen Wert vor Gott wie die so imposante Schauspielerin oder der erfolgreiche Unternehmer. Wir werden uns nicht reduzieren lassen auf Einkaufsmaschinen oder Lohnempfänger. Mit all unseren Macken sind wir Ebenbild Gottes. Wir sind wertvoll, weil Gott uns hält.

Das Kind in der Krippe, dessen Geburt wir feiern, es wird einen schweren Weg gehen. Angefeindet schon beim Reden im Tempel. Zuletzt verraten und ermordet. Dass dieses Kind dennoch zur Hoffnung der ganzen Welt wurde, das ist bewegend, ja das bewegt die Welt. Diese Botschaft vom Frieden, den Gott uns zusagt, sie hallt an diesem Abend über alle Geräuschkulissen hinweg in unsere Wohnungen in Deutschland. Sie setzt ein Signal in der Welt, sie lässt die geknechteten Menschen ihre Häupter erheben. Sie lässt ihren Ton klingen gegen den Hass, auch im Heiligen Land.

Durch die Ansage von der Zuwendung Gottes stehen Frieden und Menschlichkeit als Hoffnung im Raum. Gott ist uns nahe gekommen. Durch die Verletzlichkeit als Kind, die Angreifbarkeit als Erwachsener, durch die Erfahrung von Verrat und Tod. Gott kennt uns, weil Gott all das kennt. Weil wir uns gehalten wissen, mischen wir uns mutig ein.

»Mach's wie Gott, werde Mensch« hat jemand irgendwo an eine Wand gesprayt. Das ist ein weiser Ratschlag. Werden wir Mensch, öffnen wir uns mitsamt unseren Fehlern. Nehmen wir andere an, auch wenn sie nicht so sind, wie wir sie uns wünschen. Wagen wir, zu lieben. Und wagen wir aus der Freiheit der Kinder Gottes heraus, in einer lieblosen Welt für Menschlichkeit, Gerechtigkeit und Frieden einzutreten.

Ich wünsche uns allen, dass wir einander annehmen können heute Abend mit unseren Macken und Fehlern, ob das Essen anbrennt oder das Geschenk falsch ausgesucht ist – das ist nicht wichtig. Freuen wir uns aneinander, mit all unseren Fehlern! Wir dürfen uns von Gott gehalten wissen – das zählt. Wenn das kein Grund zum Feiern ist. Wir können einander vertrauen und lieben auch mit unseren Schwächen. Und wenn wir allein sind, dann wissen wir uns dennoch als Teil der Familie der Kinder Gottes. Diese Gewissheit will Weihnachten uns schenken.

III
Auf das Licht warten

Gott will im Dunkel wohnen

Es ist Advent, wir zünden die Kerzen am Adventskranz an. Vor Jahren war ich am dritten Adventswochenende in Simbabwe. Es war heiß, feucht und nachts sehr dunkel. Dort habe ich die Gemeinde, die ich im Sonntagsgottesdienst besucht habe, gefragt: Wie feiert ihr Advent? Man hat mich sprachlos angesehen – unsere ganze Adventskultur, eine Kerze, dann zwei, dann drei, dann vier, die war völlig unbekannt. Mir ist dabei neu deutlich geworden, wie sehr sich das Evangelium eben auch in Europa mit der vorhandenen Kultur verknüpft hat. Das Spiel von Licht und Dunkelheit, die Tage, die so kurz sind, so bedeckt und die Tage, die so hell und leuchtend sind, wir haben sie auf das Evangelium bezogen.

In unserem Kirchenjahr wird die Dunkelheit des November genutzt, um die Fragen nach Leid und Tod zu thematisieren. Volkstrauertag, Bußtag, Ewigkeitssonntag – eine Möglichkeit, bezogen auf die Jahreszeit, auch das Dunkel im Leben von Menschen zu thematisieren. Ja, und im Dezember da zünden wir eine Kerze nach der anderen an, um deutlich zu machen, wie wir auf das Licht der Welt warten. Das Licht kam in die Finsternis, sagt das Johannesevangelium und weist damit auf Gottes Kommen mitten in die Welt hinein hin. Und dann am Heiligen Abend, in der kürzesten Lichtzeit des Jahres und in der längsten

Nacht, da entzünden wir viele Lichter, um deutlich zu machen: Gott will Licht in die Welt bringen.

Gott will im Dunkel wohnen – das ist ein zentraler Gedanke von Advent und Weihnachten. Gott weiß um das Dunkel. Wir können uns oft nicht erklären, wie denn Leiden, Tod, Trauer in der Welt entstehen. Gott hat doch die Welt geschaffen und gesagt: Siehe, es war sehr gut! Und dennoch gibt es in der Welt den Schmerz. Den Kummer, wenn eine große Liebe zerbricht. Die Trauer, wenn ein geliebter Mensch stirbt. Die Tränen, wenn ich sehe, wie ein anderer leidet. Die Sorge um Menschen in meiner Nähe, die Kinder, die Verwandten, die Freundinnen und Freunde. Das Ringen um den Frieden. Das Entsetzen über den Krieg und den Terror. In dieser Welt gibt es viel Dunkel, und wir sind überzeugt, Gott hat dieses Dunkel nicht gewollt. Es ist aber wohl Teil der Welt, weil es das Gute nur geben kann, wenn auch das Böse existiert. Wir geben deshalb Zeugnis für das Licht Gottes, indem wir uns um unsere Nächsten kümmern, wie das viele diakonische und karitative Einrichtungen und Initiativen tun.

Im Advent singe ich am liebsten das Lied, das im Evangelischen Gesangbuch unter der Nummer 16 abgedruckt ist: »Die Nacht ist vorgedrungen, der Tag ist nicht mehr fern«. Mir liegt dieses Lied mit der schwermütigen Melodie besonders am Herzen, weil der Text von einem Mann stammt, der manches weiß vom Leiden. Jochen Klepper, ein begabter Dichter und Literat, hat Romane geschrieben, die Menschen tief bewegt haben. Als Pfarrerssohn geboren 1903, galt er schon früh als Außenseiter und

Träumer, auch inmitten seiner vier Geschwister. Er studierte Theologie und brach doch dieses Studium mitten in der Prüfung ab. Er galt als labil, dabei mit einer großen Neigung zur Literatur, zum Dichten.

Er hat sehr gekämpft mit der Frage nach dem Sinn des Lebens, Zeilen der Verzweiflung sind aus seinen Tagebuchaufzeichnungen herauszulesen. Dann lernt er eine Witwe kennen, eine angesehene Frau mit zwei Töchtern, die ihn aufnimmt, versteht. Glücklich heiraten sie 1931. Den Advent liebte Jochen Klepper ganz besonders, seine Rituale, den Adventskranz, die Kerzen. Und seine jüdische Frau hat sich eingelassen auf diese christlichen Bräuche. Gerade das Spiel von Licht und Dunkelheit war ihm ungeheuer wichtig. Aber die Zeit des Glücks war allzu kurz, die Nationalsozialisten verlangten, dass er sich von seiner geliebten Frau scheiden lassen sollte.

Erfolg hatte er, der Autor des großen Romans »Der Vater«. Doch gleichzeitig gerät er mit den Menschen, die er liebt, in eine schwere Zeit. In einem Vers dieses Liedes schreibt er:

Nur wer zur Nacht geweinet,
der stimme froh mit ein.

Er hat etwas gewusst von diesem Weinen in der Nacht. Und wissen wir nicht auch etwas davon? Die Nacht ist auch eine Zeit der Wahrheit. Wenn wir nicht schlafen können, entweder beim Einschlafen oder beim allzu frühen Aufwachen, dann wird uns bewusst, welche Gespräche mit Menschen, die wir lieben, wir längst hätten führen sollen. Dann kommt an die Oberfläche, was wir hätten besser machen sollen oder welche Entscheidungen und Fragen längst anstehen. Dann spielt sich in unsrem Kopf ein Theater ab dessen, was wir tun sollten. Und dann gibt es die Tränen der Nacht über verlorenes Leben, über verlorene Liebe, verlorenes Glück, das wir vielleicht hätten halten können? Das sind die Stunden, in denen wir Gott um Rat fragen, weil Gott uns durch diese Nacht hindurch trägt und tragen will. Wohl dem Menschen, der sich in solchen dunklen Stunden Gott anvertrauen kann.

Jochen Klepper hat diese dunkle Nacht erlebt und schreibt am Vorabend des 3. Adventssonntags 1937 in sein Tagebuch: »Auf dem niedrigen Renaissanceschrank brannten die vier Tannenleuchter; zwei Leuchter und zwei Rauschgoldengel standen auf dem Tisch, der Adventskranz gab seinen milden Schein. Auch gab die schöne frische Tanne so edlen Duft, und alle freuten sich am schönen Wein.« Und er notiert weiter: »Ruhe in der Welt erwarten Hanni und ich nicht mehr: umso dankbarer sind wir für solche Stunden. Die sind das Eigentliche.« Und am Samstagnachmittag vor jenem 3. Advent beschäftigt er sich erneut mit den Worten des Paulus: »Die Nacht ist vorgerückt, der Tag aber nahe herbeigekommen«.

Wir können uns vorstellen, wie sein Lied »Die Nacht ist vorgedrungen« in solcher Situation Sprache gefunden hat. Jochen Klepper hat etwas gewusst von der Lebenszuversicht, die Gott bietet. Der Advent will uns solche Lebenszuversicht zurückgeben. Manchmal denke ich, wir verzagen viel zu leicht, weil wir Gott, in einer Gesellschaft, die uns ununterbrochen ablenkt, aus dem Blick verlieren. Wir können das Dunkel kaum aushalten und zünden deshalb schon im Oktober grelle Lichter an, um von der Sommer-Grillparty direkt überzugehen in eine selige Adventsstimmung. Der Advent ist aber gar kein in irgendeiner Weise »naiver« Zeitraum des Jahres. Da geht es nicht nur um die Vorbereitung auf einen goldgelockten Jüngling in einer zärtlichen Umarmung der Mutter in einer hell beschienenen, heimeligen Krippe. Nein, Gott kommt ja gerade mitten ins Leiden. Gott ist ein Flüchtlingskind! Gott ist ein sterbender Mann am Kreuz. Gott setzt sich dem Leiden aus und kennt das Dunkel. Deshalb können wir uns Gott in den dunkelsten Stunden unseres Lebens anvertrauen.

Das Leben der Familie Klepper wurde immer schwieriger. Am 3. Advent 1938 schreibt Jochen Klepper in sein Tagebuch: »Wir hoffen irdisch nichts mehr; aber wo wir von Gottes Freundlichkeit gesungen und gepredigt hören, wird unser Herz weit; wir wissen, was Qual, Ekel, Müdigkeit, Verzweiflung ist – aber wir können nicht irre werden an Gott als dem Vater, Herr, Führer und Schöpfer.« Dieser Glaube Jochen Kleppers, dass Gott uns gerade dann begleitet, wenn wir leiden, muss so überzeugend gewesen sein, dass seine Frau sich 1938 taufen ließ und im Advent '38 eine kirchliche Trauung vollzogen wurde. Am Heiligen Abend 1938 gingen sie beide mit den beiden Mädchen zum ersten Mal gemeinsam zur Christnacht in die Kirche.

Das ist wahrhaftig Glaubensstärke. Ich wünsche mir, dass wir solche Kraft haben, unseren Glauben so überzeugend, so sprachkompetent in die Welt zu tragen, dass er andere ansteckt, ermutigt, sich diesem Gott anzuvertrauen. Dem Gott, der Jesus getragen hat, auch durch die Nacht der Verzweiflung, des Verlassen-Seins und des Todes. Im Dezember 1942 liegt ein Jahr von Angst und Enttäuschung hinter Jochen Klepper und seiner Familie. Die Tochter Brigitte konnte ins Ausland gebracht werden, aber angesichts der Ausweglosigkeit einer bevorstehenden Deportation von Hanni und der Tochter Renate entsteht der Entschluss, dem eigenen Leben ein Ende zu setzen, gerade in der Adventszeit. Vorwürfe gibt es, dass Renate nicht gemeinsam mit Brigitte nach England geschickt wurde.

Am 8. Dezember 1942 schreibt Jochen Klepper in sein Tagebuch: »Gott weiß, dass ich es nicht ertragen kann, Hanni und das Kind in diese grausamste und grausigste aller Deportationen gehen zu lassen. Er weiß, dass ich ihm dies nicht geloben kann, wie Luther dies vermochte: Nehmen sie Leib, Gut, Ehr, Kind und Weib, lass' fahren dahin –. Leib, Gut, Ehr – ja! Gott weiß aber auch, dass ich alles von ihm annehmen will an Prüfung und Gericht, wenn ich nur Hanni und das Kind notdürftig geborgen weiß.«

Kind und Frau geborgen wissen in Gott – das erinnert mich schon an Josef. Er tut alles, um seine Frau, sein Kind, sein auf so wunderbare und sonderbare Weise ihm zugewachsenes Kind, zu schützen. Er wird sie mit dem Esel nach Ägypten bringen, vor Herodes schützen und alles tun, damit sie Geborgenheit erfahren.

Jochen Klepper sieht, dass er seine Liebsten nicht bewahren kann. Am 10. Dezember 1942 gehen die drei gemeinsam aus dem Leben. Die letzten Sätze im Tagebuch lauten: »Wir sterben nun – ach, auch das steht bei Gott. Wir gehen heute Nacht gemeinsam in den Tod. Über uns steht in diesen letzten Stunden das Bild des segnenden Christus, der um uns ringt. In dessen Anblick endet unser Leben.«

Warum im Advent ein so trauriges, so tief trauriges Thema? Weil ich glaube, wir sollten Advent neu entdecken als die Zeit, in der wir das Licht anzünden *mitten in der Dunkelheit*. Wir müssen die dunklen Seiten des Lebens nicht grell überblenden. Als Christinnen und Christen sind wir fähig und in der Lage, das Dunkel in unserer Welt anzusehen. Wir dürfen den Mut haben, nicht nur das Schöne, das Erfolgreiche zu sehen, sondern auch das Dunkle in unserem eigenen Leben und in unserer ganzen Welt.

Wir nehmen wahr, was in Israel und Palästina geschieht und verzweifeln dennoch nicht. Wir blicken mit vielen Sorgen nach Afghanistan und haben dennoch Hoffnung. Wir erkennen die eigenen Fragen und Ängste in unserem Leben und plädieren trotzig für das Leben. Wir sehen die Menschen am Rande unserer Gesellschaft und fassen den Mut, uns zu engagieren, beispielsweise in der Johanniter Hilfsgemeinschaft oder auch im Netzwerk Mirjam. Diesen Mut, diese Hoffnung, diese Lebenskraft gibt uns Gott. Ich bin überzeugt, er gibt uns diese Kraft tatsächlich nicht im Voraus, wie Dietrich Bonhoeffer das einmal formuliert hat, sondern er gibt sie uns, wenn wir sie brauchen. Er gibt sie uns nicht im Voraus, damit wir ganz und gar auf Gott vertrauen.

Ich möchte etwas von dieser Hoffnungskraft des Glaubens weitergeben im Advent. Gerade da, wo wir Fragen, Sorgen und Ängste haben, gerade da können wir uns Gott anvertrauen. Gott will im Dunkel wohnen und hat es deshalb erhellt. Licht kommt in die Finsternis. Das ist die Adventshoffnung. Halten wir uns daran fest!

Engeln begegnen

Sie erwarten hohen Besuch – Was tun Sie? Einladungen verteilen, das Haus putzen, überlegen, was Sie kochen wollen, wie der Ablauf des Festes sein soll. Und wenn der Besuch dann kommt, freuen Sie sich, hoffentlich!

Im Advent geht es um die Ankündigung eines Besuches. Im Lukasevangelium heißt es:

Durch die herzliche Barmherzigkeit unseres Gottes wird uns besuchen das aufgehende Licht aus der Höhe. (Lukas 1,29)

Das ist eine Zeile aus dem Lobgesang des Zacharias. Er ist der Vater von Johannes dem Täufer. Im Lukasevangelium wird erzählt, dass er nach der Ankündigung der Geburt seines Sohnes verstummt. Erst als der Sohn geboren ist, findet er die Sprache wieder. Er erzählt, ja singt nun von dem, was er erfahren hat: Gott will uns besuchen.

Es ist ein angekündigter Besuch. Gottes Barmherzigkeit ist es, die diesen Besuch ermöglicht, diesen Besuch, auf den wir uns jetzt in der Adventszeit wiederum, wie seit 2000 Jahren, neu vorbereiten. Barmherzigkeit ist in unserer Zeit nicht gerade ein sehr viel verwendeter Begriff. Er kommt in der Alltagssprache kaum noch vor. Aber verständlich ist er geblieben, Barmherzigkeit heißt, sich jemandes annehmen, Annahme, Angenommensein selbst erfahren. Akzeptanz ohne Vorbedingung und ohne Vorleistung. Genau das ist Gottes Barmherzigkeit, die uns mit Jesu Ankunft möglich wird. Erbarmen, diesen Begriff verstehen vielleicht die Menschen, die leiden, am besten. Gott weiß von diesem Leiden, weil Gott Leiden kennt. Weil Gott sich erbarmt, geben wir Hoffnung weiter in unserer Welt. Weil Gott selbst zu Besuch kommt, besuchen Christinnen und Christen Menschen, die verlassen sind.

Gott will uns besuchen. Auf diesen Besuch bereiten wir uns in der Adventszeit vor. Sie ist Zeit der Vorbereitung und des Wartens. Als Jugendliche haben meine Schwestern und ich immer über unsere Mutter gestöhnt: »Oh Mann, wie spießig, die Fenster müssen geputzt werden vor Weihnachten. Oh nein!« Und dann habe ich selbst in diesen Jahren vor Weihnachten beim Blick auf unsere Wohnung gemerkt, wie dreckig die Fenster sind, und gesagt: »Die müssen wir aber vor Weihnachten noch putzen« – und meine Töchter haben sich angeguckt: »Oh nein!«…

Warum aber wollte meine Mutter die Fenster putzen? Weil sie sich auf hohen Besuch vorbereitet hat. Heute sehe ich das ganz klar – es geht mir genauso… Gott will uns besuchen. Das ist wahrhaftig hoher, ja höchster Besuch! Wir bereiten das Fest der Ankunft vor. Wir feiern doch nicht uns, nein, wir feiern Gott an Weihnachten. Das haben wir in diesem Jahr mit unserer Adventskampagne deutlich gemacht.

Wer besucht uns? »Durch die herzliche Barmherzigkeit unseres Gottes wird uns besuchen das aufgehende Licht aus der Höhe«: Das aufgehende Licht aus der Höhe als Umschreibung des kommenden Gottessohnes ist eine ungewöhnliche Bezeichnung. Das Aufgehen des Lichtes und das gleichzeitige Herabkommen scheinen ja zunächst widersprüchlich. Vielleicht ist es so zu verstehen, dass ein aufgehender Himmelskörper Licht auf die Erde wirft. Vielleicht auch: Gott ist in Bewegung. Gott ist nicht starr, unveränderlich, sondern Gott will Menschen begegnen. Gott will Menschen begegnen, deshalb kommt Gott.

Ja, auf dieses Kommen bereiten wir uns vor. Es wird angekündigt in der Bibel. Zum einen durch die Propheten, und als die Ankunft ganz nahe ist, da sind es die Engel, die den Menschen diese Ankunft zusagen. Das ist auch bei Zacharias so. Er erfährt als allererster, dass sein Sohn Johannes, der geboren werden soll, das Volk vorbereiten soll auf die Ankunft Jesu. Die Ankündigungen der Geburt gehen weiter: Auch Maria wird vom Engel besucht. Der Engel sagt ihr: »Siehe, du wirst schwanger werden und einen Sohn gebären, und du sollst ihm den Namen Jesus geben.« Und auch die Hirten auf dem Felde schließlich werden vom Engel vorbereitet: »Siehe ich verkündige euch große Freude, die allem Volk widerfahren wird.«

Die Ankündigung des Besuches Gottes bei den Menschen durch die Engel geschieht immer mit der gleichen Formel: »Fürchte dich nicht!« Dieses »Fürchte dich nicht« ist sozusagen die Vorstellung des Engels, die Visitenkarte. Gott kommt zu den Menschen. Fürchtet euch nicht!

Jedes Jahr begegnen uns in der Adventszeit Engel an allen Orten. Da sind fette kleine Puttenengel, niedlich pausbäckige Goldjungs, schmale, ästhetische Frauengestalten. Engel, die mit erhobenem Zeigefinger belehren – das sind die Engel in der Kirche des Henriettenstiftes in Hannover. Oder die Engel mit Flügeln vorgestern im Restaurant. Engel mit Harfen auf einer Weihnachtskarte. Wenn wir einmal beginnen, auf die Engeldarstellungen zu achten, dann kann man lächeln – und manchmal schon anfangen zu lachen.

Durch die Geschichte hindurch haben sich die Engelsdarstellungen verändert. Da sind nackige kleine Jungs und hagere, große Gestalten. Karl Valentin schreibt: »Die Engel waren aber doch früher auch einmal Menschen, deren Seelen ins Jenseits geflüchtet sind. Dort haben sie Flügel bekommen. Das wird aber nur die weiblichen Wesen betreffen, vom 1. bis 30. Lebensjahr. Ich könnte mir nämlich den Herrn Bäckermeister Meyer nicht so himmlisch vorstellen, wenn er nackend mit zwei großen Flügeln in den Wolken herumflattert – dann lieber unsichtbar.«

Oder erinnern sie sich an Ludwig Thomas Darstellung des Münchners im Himmel, Alois Hingerl, von dem der liebe Gott dann sagt: »Mit dem können wir hier nichts anfangen«. Das sind die lustigeren Geschichten über die Engel. Geschichten über sie gibt es viele, Lieder, Gebete, ganze Bücher voll.

Was aber ist ein Engel? Gottes Bote? Erfahrung der Nähe Gottes? Oder uns zum Trost geschickt? Macht es Sinn, noch an Engel zu glauben? Oder hat uns die Aufklärung das nicht endgültig ausgetrieben?

Ich denke, wir nähern uns einer Zeit, in der wir die Aufklärung wohl kaum hinter uns lassen, aber hinter all dem Sichtbaren, dem so Erklärlichen, wissenschaftlich Beweisbaren doch auch das Geheimnis neu ahnen. Das Geheimnis in unserem eigenen Leben, das Geheimnis hinter der sichtbaren Welt. Als Kinder haben viele gebetet:

Abends, wenn ich schlafen geh,
14 Englein bei mir stehen.
zwei zu meiner Rechten,
zwei zu meiner Linken.
zwei zu meinen Häupten,
zwei zu meinen Füßen.
zwei die mich decken,
zwei die mich wecken,
zwei die mich weisen
zu des Himmels Paradeisen.

Irgendwann fanden wir das kitschig. Aber die Ruhe, die Geborgenheit, die das ausgedrückt hat, die hat wohl kaum jemand vergessen. Engel bedeuten uns eben, dass Gott bei uns ist, uns Frieden zusagen will, auch dann, wenn unser Leben aus den Fugen zu geraten scheint. Auch dann, wenn uns Leid und Schmerz und Tod treffen. Denn das ist ja auch die Botschaft des Engels, als die Frauen an das leere Grab kommen: »Was sucht ihr den Lebenden bei den Toten.« Das heißt: Der Tod hat nicht das letzte Wort. Nein, einst wird Gott abwischen alle Tränen.

Engel. Vielleicht sind Advent und Weihnachten die beste Zeit, sich diesem Geheimnis neu anzunähern. Da sind die Momente im Leben, die nicht erklärbar sind. Das plötzliche Wissen: Das ist der richtige Mann, die richtige Frau. Ein überschäumendes Glücksgefühl im Anblick von Himmel oder Erde. Eine Erfahrung von Bewahrt-worden-Sein. Vor einem Unfall, vor einer Dummheit. Oder auch die Begegnung mit einem Menschen, der den entscheidenden Hinweis gibt, ein Lächeln auf unsere Lippen bringt, uns für Stunden oder Tage froh sein lässt. Ich denke schon, wir können sagen, dass uns in solchen Situationen ein Engel Gottes berührt. Wir erahnen neu etwas von der Realität Gottes mitten in unserer Welt.

Dazu gehört auch das überwältigende Vertrauen, dass Gott einen geliebten Menschen hält und trägt auch über den Tod hinaus. Christian Andersen erzählt: »Jedes Mal wenn ein gutes Kind stirbt, kommt ein Engel Gottes zur Erde hernieder, nimmt das tote Kind auf seine Arme, breitet die großen breiten Flügel aus und fliegt über die Stätten, die das Kind lieb gehabt hat …«

Der Besuch Gottes in der Welt macht deutlich: Gott ist nicht der ferne Weltenwalter, sondern Gott ist nahe. Gott ist erschienen. Ja, Gott ist bei uns, Gott lässt uns nicht allein.

Das Licht in der Finsternis

»Das Volk, das im Finstern wandelt, sieht ein großes Licht«: Das ist und bleibt eine wunderbare Verheißung. Auch für den Glauben. Können wir uns wirklich auf Gott verlassen? Das fragen viele, die Dunkelheit empfinden in ihrem Leben..

Ja, manches von Gott bleibt uns verborgen. Martin Luther hat immer wieder betont, dass wir Gott niemals ganz und gar verstehen, entdecken, vereinnahmen können. Sonst wäre Gott nicht Gott. Und wenn alles zweifelsfrei wäre, dann wird Glaube überflüssig. Glaube bleibt ein Ringen mit dem Zweifel, mit dem Leiden, mit der Frage nach Gott. Auch im 21. Jahrhundert. Wer aber fragt und ringt und zweifelt, steht schon mitten in einer Beziehungsgeschichte zu Gott.

Wir sollten nicht so tun, als hätten wir unser Leben, unsere Welt, ja die ganze Schöpfung »im Griff«. Wir tendieren beispielsweise dazu, die Natur zu romantisieren. Da sei alles friedlich und wunderbar. Das stimmt ja so nicht. In der Tierwelt geht es um Fressen und Gefressen-Werden. Und die Elemente, Meer, Wind, Feuer können ungeheure Kräfte entwickeln. Vielleicht haben uns die großen Katastrophen der letzten Jahre auch ein wenig demütiger gemacht. Es waren die Naturvölker, die sich beim Tsunami gerettet haben auf ihren Inseln, weil sie die

Zeichen der herannahenden Flut noch lesen konnten. Aller technologischer Fortschritt in den USA konnte die Wassermassen in New Orleans nicht stoppen, »in den Griff bekommen«, oder ein Bohrloch auf dem Meeresboden verstopfen. Der Mensch beherrscht weniger, als er so gerne meint. Auch im Zeitalter von Hochtechnologie gibt es Grenzen des Machbaren! Wie deutlich hat uns das jüngst die Vulkanaschewolke aus Island gezeigt, die den gesamten europäischen Flugverkehr lahm gelegt hat. Offensichtlich brauchen wir statt einer Haltung von »Mehr« und »Weiter« eine neue Ethik des Maßes und der Grenze.

Der christliche Glaube sagt übrigens gerade nicht, dass schon alles gut wird. Das wäre schlichter Optimismus oder auch nur Beschwichtigung. Glaubenshoffnung meint etwas anderes. Sie sagt: Was auch kommen mag, Gott wird mir zur Seite stehen. Gott ist bei denen, die einsam sind, bei denen, die leiden. Gott steht denen bei, die sterben. Ja, unsere Hoffnung geht über den Tod hinaus. Gottvertrauen ist eine Lebenshaltung.

An Weihnachten feiern wir die Geburt eines Kindes. Eine Geburt ist auch heute immer wieder eine große Freude, ein kleines Wunder. Und gleichzeitig ist sie auch gar nichts Besonderes. Jede Minute werden auf dieser Welt Kinder geboren. Viel zu viele sind es für unsere gute alte Erde und viel zu viele verhungern bald, viel zu viele sind unerwünscht. Noch immer wird den meisten Frauen in der Welt die Möglichkeit vorenthalten, Schwangerschaften zu planen beziehungsweise zu verhüten. Noch immer wird Sexualität allzu oft als Herrschaftsmittel benutzt, werden Frauen erniedrigt, vergewaltigt, degradiert. Nicht jede kann mutig singen wie Maria ihr Magnificat, dass Gott die Mächtigen vom Thron stürzen wird. Mancher Frau, gerade in den Ländern des Südens, ist das Lied der Freude über ihr Kind in der Kehle verstummt. Als ich einmal in einem Krankenhaus in Afrika eine Frau kurz vor dem Sterben sah, die abgemagert ein nicht lebensfähiges neuntes Kind zur Welt gebracht hatte, ist mir das noch einmal schmerzlich bewusst geworden. Ja, Kinder sind ein Segen, ein Geschenk Gottes. Aber Maria singt auch von Gerechtigkeit und von Verantwortung.

Es ist gut, dass Menschen heute wieder neu nach Gott fragen. Und dass der christliche Glaube nicht mehr so schnell abgetan wird als überholt, dass es ein offenes Fragen gibt. In der Frage nach Gott in all dem Leiden der Welt steckt ja die Frage nach der Existenz Gottes. Die Bibel kennt dieses Ringen. Und sieht dabei das Licht in der Finsternis. »Das wahre Licht scheint schon«: In vielen biblischen Geschichten wird das erfahrbar.

Wir können und sollen Erfahrungen mit Gott weitergeben. Wir können und sollen den Erzählfaden der biblischen Geschichten aufrecht erhalten. Auch ein gutes Wort der Bibel kann wie ein Licht in der Finsternis sein. Wenn es mir schlecht geht, und ich kann mitbeten »...ob ich schon wanderte im finstern Tal, fürchte ich kein Unglück, denn du bist bei mir«: Der Psalm 23 ist eine Art Glaubensnotration fürs ganze Leben. Wohl dem Menschen, der diese Ration schon als Kind ins Gepäck gelegt bekommt. Lassen Sie uns vom Glauben erzählen in einem Land, in dem das Wissen um die biblischen Geschichten auszutrocknen droht. Auch so zünden wir Lichter an in der Finsternis!

Mir ist wichtig, immer wieder deutlich zu machen: ohne Christus kein Christkind und kein Christfest! Weihnachten ist ein Fest des christlichen Glaubens. Wenn in den USA der Präsident des Landes aus Angst vor Kritikern oder aus *political correctness* nicht mehr »Gesegnete Weihnachten« auf seine 1,4 Millionen (!) Grußkarten schreibt, sondern »das Beste für eine Feiertagssaison voller Hoffnung und Glück« wünscht, verlieren wir irgendwann den Inhalt der Sache in all dem Konsum- und Glitzerrummel.

Wir feiern die Geburt des Mannes, der am Kreuz starb, der, wie wir glauben, auferstand, und der uns durch den Heiligen Geist Kraft und Beistand gibt in unserem Leben. An diesem Glauben haben unsere Väter und Mütter Halt gefunden, diesen Glauben geben wir weiter an die kommenden Generationen. Das können wir in aller Klarheit tun, weil die Botschaft des Festes ja nicht ausgrenzend, sondern einladend ist. Christinnen und Christen müssen sich ihres Glaubens doch nicht schämen. Wie sagt Paulus: »Ich schäme mich des Evangeliums nicht, denn es ist eine Kraft Gottes, die selig macht alle, die daran glauben.« *Weihnachten als Fest der Lichter bringt Hoffnung in die Welt.*

Denn uns ist ein Kind geboren

Weihnachten ist und bleibt das große Fest der Familie. 91 Prozent aller Deutschen wollen das Fest im trauten Kreis verbringen, 84 Prozent werden Besuch bei Verwandten und Bekannten machen. Und ich musste richtig lachen, als ich feststellte, wie viele auch neue Konstellationen es da gibt. Jeder und jede, die ich gefragt habe, schienen miteinander zu feiern. Da fährt die junge Frau mit dem Freund zur Mutter, ein Nachbar und eine Tante kommen dazu. Da hat der Bekannte die alleinerziehende Mutter, seine Schwester, den Kollegen und seine Kinder, die dieses Jahr bei ihm sind, eingeladen. Da tun sich fünf Freunde zusammen und laden zehn andere ein, die »solo« sind. Familie ist »in«, und das in traditioneller Form wie auch in neuen Zusammenhängen. Das finde ich großartig.

Wir feiern die Geburt eines Kindes, und auch heute freuen wir uns über Kinder in unserem Land. Woran mag es liegen, dass immer weniger geboren werden? Die Erklärungen sind vielfältig. Eine ist sicher der berufliche Druck, der Zwang zur Mobilität. Vor kurzem habe ich einen jungen Mann, 35 Jahre alt, kennengelernt. Er ist Fernsehredakteur. Jeweils eine Woche in Mainz, eine Woche in Düsseldorf, und der Wohnsitz mit der Lebensgefährtin in München. An Weihnachten besuchen sie seine Eltern in Nord- und ihre in Ostdeutschland. Wo soll in einem solchen Leben Zeit und Platz sein für Kinder? In einer nur mobilen und spontanen Gesellschaft haben Kinder keinen Raum. Sie brauchen ja Verlässlichkeit und Stabilität.

Ein Land ohne Kinder aber verliert Kreativität und Zukunftshoffnung, Lebenslust und Spontaneität. Deshalb ist es so wichtig, dass wir Familien stützen und fördern. Ja, das muss die Politik tun, das ist kein Gedöns! Ja, das kostet auch Geld, genauso wie die Bundeswehr und die Wirtschaftsförderung und der Umweltschutz. Und wenn sogar Väter gefördert werden, die sage und schreibe zwei Monate mit ihrem Neugeborenen verbringen, dann wird das die Männerwelt nicht aus den Angeln heben. Auch die Wirtschaft ist gefragt, Arbeitsplätze müssen elternfreundlich gestaltet werden können. Mütter müssen Möglichkeiten finden, Beruf und Familie zu verbinden.

Aber auch wir alle zusammen können etwas beitragen. Wie kann es sein, dass niemand hinschaut, wenn ein Kind offensichtlich geschlagen wird? Wenn in der Nachbarswohnung das Baby ständig schreit, kann nicht jemand hingehen und sagen: »Soll ich ihnen die Kleine mal zwei Stunden abnehmen?« Ich erinnere mich sehr gut, wie entlastend das sein kann. Eine kinderfreundliche Gesellschaft hängt von uns allen ab. Da sind Ideen gefragt!

Vielleicht sollten wir auch mehr davon reden, was für ein Glück es ist, als Familie zu leben. Ich weiß auch, dass es da Verletzungen gibt und Streit. Ich weiß, dass Ehen zerbrechen und der Schmerz tief geht, wenn ein Mensch, dem ich vertraut habe, mich betrügt. Aber es ist auch wunderbar, wenn ich einfach anrufen kann und meine Schwester kommt und steht mir bei. Es ist tief berührend, wenn der todkranke Mann mit Liebe versorgt wird und spüren darf: ich bin keine Belastung, die, die für mich sorgen, machen das gern. Familien in unserem Land bringen eine unschätzbare Leistung für das Zusammenleben, das Gemeinwohl und auch für die Zukunftsfähigkeit. Aus Freude über Gottes Kind feiern wir Weihnachten. Das sollten wir umsetzen in Engagement für Familien in unserem Land. *Weihnachten als Fest der Familie macht Mut zur Zukunft.*

Des Friedens kein Ende

Wir leben in einer Welt voller Gewalt. Das weiß die Bibel, wenn etwa Jesaja von der Zukunft schreibt: »Denn jeder Stiefel, der mit Gedröhn daher geht, und jeder Mantel, durch Blut geschleift, wird verbrannt und vom Feuer verzehrt.«

Die Hoffnung auf Gottes Zukunft ist eine Hoffnung auf Frieden. Das bleibt das große biblische Thema. »Friede sei mit euch«, mit diesen Worten grüßt Jesus seine Freunde. Da geht es um den Frieden im Herzen. Aber auch um den Frieden zwischen Menschen und Völkern, das Schweigen der Waffen, das Ende von Hunger und Gewalt.

Weihnachten ist eben kein romantisches Winterwohlfühlfest. Maria und Josef waren in schwieriger Lage, fern der Heimat, es folgt die Flucht nach Ägypten. Wer will das erste Kind schon in einem Stall zur Welt bringen? Die Hirten auf dem Felde wären heute sicher so genannte »Billiglohnarbeiter«. Und die Weisen aus dem Morgenland – na, manchen wäre heute mulmig, wenn Fremde aus dem Orient plötzlich vor der Tür stünden. Unsere Welt ist und bleibt heillos. Jesus wird auch der Heiland genannt, weil er ein Zeichen gesetzt hat, dass nichts bleiben muss, wie es ist. Ja, sicher, Frieden im umfassenden Sinne wird es erst in Gottes Zukunft geben. Aber schon heute kann von dieser Friedensvision etwas sichtbar werden. Weil wir füreinander beten. Weil die hungernden Menschen im Sudan uns nicht gleichgültig sind, sondern ein Mädchen ihren Vater bittet, einen Hilfsflug dorthin zu organisieren. Weil über Mitgefühl und Mitleid Gemeinschaft wächst. Mitleid ist doch nichts Negatives! *sympathein* ist das griechische Wort dafür, »Sympathie haben« also. Und auch wenn es so entsetzlich viel Elend in der Welt gibt, gibt es eben doch auch dieses Miteinander. Die Welt ist gar nicht so kalt, wie immer gesagt wird. Viele sind von uns bereit zu teilen, sind dankbar, dass es ihnen gut geht und wollen anderen helfen, die in Hunger, Not und Angst leben.

Halten wir fest: Weihnachten als Fest des Friedens ist eine trotzige Zeitansage gegen Lieblosigkeit, Hass, Unrecht und Gewalt. Es bleibt eine gute Nachricht, dass Gerechtigkeit und Frieden schon heute beginnen und einst in Vollkommenheit sein werden. Gottes Licht scheint in unsere oft so finstere Welt. Wir zünden dieses Licht in der Adventszeit und zu Weihnachten millionenfach an aus Freude über dieses Kind, aus Dankbarkeit, dass Gott für uns da ist. Ja, Weihnachten dürfen wir aus tiefstem Herzen froh werden. Wir können uns aufmachen, das Christkind zu entdecken. Und damit Gottes Liebe für uns. Weihnachten sagt: Gott ist für dich da. Wenn das kein Grund zum Frohsein und zum Feiern ist! Machen wir uns auf den Weg zum Licht. Wie Maria und Josef, die Hirten und die Weisen.

Was uns bedrückt und was uns freut, was enttäuscht und wofür wir dankbar sind, wird hell bestrahlt von dem Licht der Weihnacht. Gott ist in die Welt gekommen. Gottes Lebenszusage reicht weit über das hinaus, was wir erkennen und sehen. Sie erhebt Anspruch auf eine Friedensherrschaft, die Recht und Gerechtigkeit bringt. Als Hoffnung über alle Zeiten hinweg. In Menschen, die an Gott glauben, bleibt die Hoffnung wach, dass alles sich ändern kann. Wir haben die Gewissheit, dass wir gehalten sind, weil im Dunkeln Licht scheint.

Engel – Gottes Nähe spüren

Mit Engeln hat es die Theologie ja nicht so. Sie sind eher beliebt beim so genannten »einfachen Kirchenvolk«. Mehr als 50 Prozent der Deutschen glauben an Engel! Und auch die moderne Zeit ist geradezu vernarrt in Engel. Ganz persönlich stand ich dem Engelthema lange Zeit skeptisch gegenüber. Was soll denn da werden aus dem Verhältnis von Glaube und Vernunft? Aber das hat sich geändert!

Alles fing damit an, dass mir eine Delegation des finnischen Kirchentages als Generalsekretärin des Deutschen Kirchentages einen Engel mitbrachte. Ich fand ihn kitschig. Er ist aus Ton, die Flügel ragen ihm sozusagen gleich mitten aus dem Gesicht heraus. Aber dann hing er da an der Wand und hat mich so manchen Kirchentagsschreibtischtag begleitet. Schaute sozusagen freundlich interessiert zu, was ich da machte. Ich habe mich an ihn gewöhnt. Aber dann machte ich eines Tages die Balkontür auf, stieß an den Engel, und er fiel herunter. Kaputt. Ich war kreuzunglücklich. Unsinn, oder? Wie kann jemand unglücklich sein wegen so eines getöpferten Teils? Also ab in den Papierkorb. Der Engel ging mir aber den ganzen Abend nach. Und so bin ich ins Auto gestiegen, zum Büro gefahren und habe den Engel aus dem Papierkorb geholt bevor die Reinigungsfrauen kamen. Er ist geklebt und liegt jetzt auf dem Fensterbrett in meiner Bischofskanzlei. Aufgehängt habe ich ihn lieber nicht.

Seitdem habe ich aufgehört, mitleidig zu lächeln, wenn Menschen von Engeln sprachen. Zu meinem finnischen Engel sind einige andere dazugekommen. Ein großer, schlanker aus Ton hält beispielsweise eine Schale, in der Weihrauch verbrannt werden kann – der wurde mir in einem Kloster geschenkt. Ein anderer aus Keramik liegt auf meinem Schreibtisch. Ich weiß nicht mehr, wer ihn mir geschenkt hat, aber es ist ein »Engel der Gelassenheit« und manchmal, wenn ich mich aufrege, lächele ich ihn an und denke, ja, ich weiß schon. Zwei schlanke aus herrlichem Holz sind noch dabei. Die lassen sich wunderbar anfassen. Die hat mir ein Künstler geschenkt, der in der Loccumer Akademie eine Engelausstellung zeigte. Ist das nun Unfug mit den Engeln?

Nun, in der Theologie sind Engel, wie gesagt, nicht so sehr beliebt. Obwohl – der große Theologe Karl Barth hat in Basel einmal eine ganze Engelvorlesung gehalten!

Doch Engel werden von Theologen insgesamt eher ein bisschen verächtlich angesehen, oft auch als Frauensache und vielleicht ein wenig esoterisch angehaucht. Aber da bin ich in der letzten Zeit trotzig geworden. Die evangelische Theologie sagt ja, die Bibel sei letztes Endes das Kriterium, die Grundlage. Ja und da schwirrt es doch geradezu von Engeln! Die verkünden unablässig, was Gott will und tut. Zacharias erscheint ein Engel, der die Geburt des Johannes ankündigt, Maria erscheint der berühmte Engel Gabriel, die Hirten auf dem Felde erfahren durch den Engel, was sich zugetragen hat. Und auch der hebräische Teil der Bibel kennt Engel en masse. Hiob, die Psalmen, die Propheten Jesaja, Hosea und Maleachi, Daniel. Mein liebster Engelvers stammt aus Psalm 91: »Denn er hat seinen Engeln befohlen, dass sie dich behüten auf allen deinen Wegen.« Das hat der Bachchor in der Marktkirche in Hannover gesungen, als ich am Tag meiner Einführung als Landesbischöfin zur Kanzel ging, um nun die Predigt zu halten. Diesen Moment vergesse ich nicht …

Die Bibel also kennt Engel. Sie sind Botschafter Gottes, sie vermitteln, was Gott will, sie sagen die Gegenwart, die Anwesenheit Gottes zu. Gott ist da, tröstend, haltend, bergend und sagt: »Fürchte dich nicht!« Diese Zusage ist so etwas wie die Visitenkarte der Engel.

Martin Luther hat ja immer Wert darauf gelegt, dass wir nicht Heilige und auch nicht Engel anbeten. Und doch hat er seinen Morgen- und seinen Abendsegen mit der Bitte beschlossen: »Dein heiliger Engel sei mit mir, dass der böse Feind keine Macht an mir finde.« Das finde ich einen sehr schönen Gedanken, denn er benennt Engel als die Erfahrung von Gottes begleitender Gegenwart. Das ist ja im christlichen Glauben so oft ausgeblendet, dass es neben dem Hören auf Gottes Wort auch die Erfahrung von Gott gibt. So sehr ich mich gegen die Definition von »Glaube ist Gefühl« wehre, weil mir so wichtig ist, dass ich beim Glauben meinen Verstand nicht ausschalten muss, so trocken finde ich einen Glauben ohne Erfahrung. Beim Glauben geht es nicht nur um Lesen, Hören,

Verstehen und Schreiben, sondern auch um Singen, Lieben, Fühlen und Spüren. Vielleicht bringen Engel das am ehesten nahe.

Die Frau, die jenen »Engel der Gelassenheit« hergestellt hat, der auf meinem Schreibtisch liegt, hat insgesamt 31 Engel geschaffen – vom »Abenteuer-Engel« bis zum »Engel der Weisheit«. Inzwischen habe ich einige davon verschenkt. Sie schreibt von ihren Engeln, sie habe das Gefühl gehabt, die Engel wollten gemacht werden. Sie würden entstehen durch einen Prozess, an dem Intuition, Gefühl und Verstand beteiligt sind – und dann eine sehr aufwendige Handarbeit. Vielleicht ist das ja auch mit dem Glauben so, dachte ich. Der setzt sich zusammen aus Intuition, Gefühl und Verstand und wird gelebt in einer sehr aufwendigen »Handarbeit«, von Tag zu Tag …

Engel sind nicht verfügbar. Es gibt auch Zeiten, da sehnen wir uns nach einem Engel und finden ihn nicht. Oder wir fragen uns, warum kein Engel da war – um das Kind zu schützen, das ermordet wurde. Die junge Wissenschaftlerin, die so schwer krank wurde, dass sie nicht mehr weiter arbeiten konnte.

Nachdenklich hat mich da die Paul Klee-Ausstellung »Tod und Feuer« vor einiger Zeit im Sprengelmuseum in Hannover gemacht. Mich hat diese Ausstellung sehr berührt, besonders das Bild »Angelus Militans«. In einem kleinen Raum mitten im großen Ausstellungsraum waren etliche Handzeichnung von Engeln aus dem Jahr 1939 gehängt: Ein »altkluger Engel«, ein »Engel im Kindergarten«, ein »Fels der Engel«, ein »Schellenengel«, ein »vergesslicher Engel«, eine anrührende Engelfigur mit dem Titel »es weint«, eine Zeichnung »engelsam«.

Wer aus diesem Raum, dessen Bilder fast amüsant zu betrachten waren, herauskam, sah auf jenen militanten Engel aus dem Jahr 1940. Klee kämpfte damals mit seiner Krankheit, mit der Immigration, mit der Brandmarkung als »entarteter Künstler« und dem Ahnen und Wissen um die politische und gesellschaftliche Wirklichkeit in Deutschland. Da wird er sich einen kämpfenden Engel gewünscht haben, einen Engel, der mit allen Mitteln behütet und bewahrt. Schickt Gott kämpfende Engel? Dürfen die militant sein? Das würde ja der christlichen Absage an Gewalt widersprechen! Einen militanten Engel finde ich irritierend. Und doch, die Sehnsucht nach einem Engel, der eingreift, die kann ich gut nachvollziehen …

Vielleicht gibt es ja auch einen Engel des Humors, aber der ist mir noch nicht als getöpferte oder gemalte Figur begegnet. Allerdings bin ich überzeugt, dass der liebe Gott Humor hat. Und ich selbst brauche ganz bestimmt Lachen und Humor, um das Leben zu meistern.

Vor allem können Engel aber trösten, denke ich. Ein Engel, der uns mit seinen großen Flügeln behütet und trägt – das ist ein wunderbares Bild, finde ich. Ein Bild dafür, wie Gott uns hält und trägt über den Tod hinaus.

Ja, ich denke, es gibt Engel. Sie sind die Erfahrung von Gottes Nähe. Definieren kann ich Engel nicht, sie lassen sich nicht einfangen, auch nicht mit der Sprache. Aber sie sind da. Wenn wir uns für sie öffnen, können wir ihnen begegnen: In andern Menschen, im Spüren, im Glauben. Lassen wir uns da nicht beirren. Und lassen wir uns auch nicht einreden, Engel seien nur etwas für Esoteriker. Sicher gibt es viel Missbrauch von Engeln und auch Engelglaube, der außerhalb des christlichen Glaubens liegt. Aber der Glaube an Engel, die Erfahrung von Engeln, das ist gut christlich. Er ist in den Evangelien überliefert und in Jahrhunderten erkennbar gewesen. Sicher sollten Engel nicht überhöht werden und an die Stelle Gottes treten. Wir können auch nicht festlegen, was und wie ein Engel ist. Aber wenn Sie Engel sehen, spüren, ist das nicht abwegig. Zum Glauben gehört auch die Offenheit für eine Erfahrung von Gottes Nähe.

Weihnachten vor einiger Zeit hat mir eine Freundin einen kleinen Schutzengel geschenkt. Er ist ein bisschen kitschig, klein und pummelig, aus Holz und schaut hingebungsvoll zum Himmel. Am meisten bewegt mich, dass er einen gelben Stern auf der Brust trägt. Den habe ich erst gar nicht so richtig wahrgenommen. Aber dann fragte meine jüngste Tochter: »Warum hat der denn einen Judenstern?« Ja, ein Judenstern. Das hat mich sehr berührt. Dem Künstler war das sicher gar nicht bewusst, aber es sieht aus wie ein Engel mit einem Judenstern. Und da wünsche ich mir, dass es mehr Schutzengel gegeben hätte für die Juden Europas in der Nazizeit, als sie mit diesem Stern gekennzeichnet und gedemütigt wurden. Ein Schutzengel für all die gefolterten und ermordeten

Frauen, Männer und Kinder jüdischen Glaubens – es hätte so mancher christliche Nachbar einer sein können …

Möge Gottes Engel uns begleiten, unser Herz öffnen, uns Gott erfahrbar machen. Und mögen wir immer wieder einem anderen ein Engel sein dürfen.

Menschen haben stets geträumt, haben aus ihren Träumen die Kraft und den Mut zu Veränderungen geschöpft. Sie haben sich von ihren Träumen leiten lassen, Wegweisung Gottes in ihnen erkannt. Der größte Träumer der Bibel ist Joseph. Dass er seinen Träumen nachging, hat ein ganzes Volk vor der Hungerkatastrophe bewahrt. Und da ist auch Jakob mit seinem Traum von der Himmelsleiter, in dem er Zuversicht gewinnt für den weiteren Weg. Oder denken wir an die drei Weisen, denen Gott im Traum zeigt, dass sie Herodes nichts von dem neugeborenen Kind sagen auf dem Rückweg von Bethlehem. In der biblischen Tradition sind Träume also Wegweisungen. … Es ist gut, auf sie zu achten.

IV
Das Geheimnis feiern

Du meine Seele, singe

Wir gehen auf Weihnachten zu, auf das Fest, an dem wir Gottes Ankunft auf der Erde feiern. Vieles erwarten die Menschen in diesen Tagen von sich und von anderen. Auch an die Gottesdienste werden oft allzu hohe Erwartungen geknüpft: Festliche Stimmung, das i-Tüpfelchen für die eigenen Vorbereitungen, das Besondere, das nicht genau benannt werden kann und auf das doch alles zufiebert. Trost sicher auch, Ermutigung für manchen Kummer im Leben. Oder auch tiefgründige Antworten auf die Fragen, die dieses Jahr für jeden und jede mit sich gebracht hat. Wo stehe ich und wie kann es weiter gehen? Viele Menschen fragen sich das und wünschen sich Antworten. Es sind die Erfolgreichen und die Hoffnungslosen, die Glücklichen und die Zerrissenen, die Traurigen und diejenigen, die überschäumen vor Freude, die Glaubenden und die Zweifelnden.

Früher war Advent eine Fastenzeit. Das war sicher eine sinnvolle Vorbereitung auf Gottes Kommen. Eine Fastenzeit hilft zum Nachdenken über das eigene Leben. Es ist eine Zeit, sich zu fragen, was Wurzeln und Halt gibt, wie verantwortliches Leben vor Gott aussieht. Es ist eine Zeit, den eigenen Standpunkt zu finden.

Wir setzen uns als Kirchen so energisch dafür ein, dass zumindest die Adventssonntage vom Kaufgetümmel und der Geschenkeraserei verschont werden, damit Menschen noch Zeit finden, eine Kerze anzuzünden und sich darauf zu besinnen: Die Sterne, von denen die Rede ist, verweisen auf das Gotteskind. Wir beschenken einander, weil wir uns über das Kind in der Krippe freuen als Gottes Geschenk. Das Licht soll nicht alles grell übertünchen, was es an Problemen gibt, und wegblenden, wo Leid herrscht, sondern das Kind, das geboren wurde, ist das Licht der Welt, gerade für die in Angst und Schrecken, das Licht, auf das wir warten. Hier finden wir Antworten, Halt, einen Ort, von dem aus wir uns orientieren können.

Ich steh an deiner Krippen hier,
o Jesu, du mein Leben

war der Standpunkt, von dem aus Paul Gerhardt dachte, glaubte und lebte. Paul Gerhardt war ein aufrechter Protestant, der ein schweres Leben hatte und gleichzeitig so viel Glaubenszuversicht verbreitet hat. Viele hat er beeinflusst: Kleine Leute vor Ort in ihren oft so bedrückenden Verhältnissen. Aber auch die so genannten Großen: Johann Sebastian Bach, Thomas Mann, Günther Grass, Gabriele Wohmann. Paul Gerhardt ist nach Martin Luther der bedeutendste Liederdichter der Protestanten. Seine Verse gehören in den deutschen evangelischen Gesangbüchern zu den am häufigsten erscheinenden Texten, aber auch in der katholischen Kirche werden seine Lieder gesungen, ja, in aller Welt finden sich seine Lieder.

Dabei war er kein sehr weltläufiger Mann. Sein Leben hat ihn nie über Kursachsen und Kurbrandenburg hinausgeführt. Gräfenhainichen, Grimma, Wittenberg, Berlin, Mittenwalde und Lübben – das war sein Aktionsradius. Ich finde das bemerkenswert. Es zeigt doch, dass wir Erfahrungen machen können, die so existentiell sind, dass sie überall verstanden werden. Seine Lieder werden in Afrika, Asien und Lateinamerika gesungen. Auch umgekehrt gilt: Wenn heute Menschen um die ganze Welt reisen, heißt das bei weitem nicht, dass sie tiefe, existentielle Erfahrungen machen.

In seiner Einleitung zur Ausgabe der Lieder und Gedichte Paul Gerhardts von 1957 schreibt Eberhard von Cranach-Sichart, jeder Konfirmand müsse sechs bis acht Lieder Gerhardts auswendig können. Da, so müssen wir leider sagen, hat sich nicht nur in unserer Kirche in den vergangenen 50 Jahren die Einstellung zum Auswendiglernen deutlich verändert! Aber auch heute ist wichtig, in schwieriger Zeit die Worte eines anderen zu kennen, die trösten, wenn es dir selbst die Sprache verschlägt. Deshalb plädiere ich dafür, dass jedes Kind eine Art Mindestration an orientierenden Texten mit auf den Lebensweg bekommt. Kinder und Jugendliche brauchen zur Entwicklung ihrer Persönlichkeit eine umfassende Bildung, zu der auch Wertevermittlung, Herzensbildung, kulturelle und religiöse Bildung gehören. Viele Kinder und Jugendliche wissen ja nicht einmal, dass sie sich an Gott wenden dürfen in Lied und Gebet. Ich wünsche jedem Menschen ein Paul Gerhardt Lied, das ihn auf dem Lebensweg begleitet, in guten wie in schweren Tagen.

Die Spiritualität der Kirche der Reformation war von Anfang an durch das Singen und die Lieder mit geprägt. Das müssen wir heute in Erinnerung rufen. Nicht nur die Bibel und das Beten kennen viele Menschen in unserem Land nicht mehr, sie haben auch das Singen verlernt. »Das Jaulen der Trauerklöße« hat das Magazin »Der Spiegel« vor wenigen Jahren getitelt und beschrieben, wie die Deutschen das Singen verlernt haben. Inzwischen ist messbar, dass sich die Stimmbänder der jungen Generation verändern, weil sie nicht mehr singen. Was für ein Verlust ist das! Wie kann ein Lied auf den Lippen trösten, wenn es mir die Sprache verschlägt. Und wie kann ich im Singen jubeln, wenn ich mich freue! Paul Gerhardt zeigt uns: Es gilt, die Schönheit der Welt zu sehen! Hinschauen, wahrnehmen und loben! »Die Glucke führt ihr Völklein aus« – eine Kleinigkeit, ja, aber was für ein Glück das zu beobachten! »Schau an der schönen Gärten Zier« – das ist eine Aufforderung, die Schöpfung wahrzunehmen, sich daran zu freuen.

Viele Menschen sehen gar nicht mehr hin, kommen gar nicht auf den Gedanken, den Schöpfer zu loben und kennen kein Lied, das sie mit Inbrunst singen könnten. Und doch erlebe ich in manchem Festgottesdienst, wie geradezu die Freude wächst, wenn ein Lied gemeinsam gesungen wird, es den Gottesdienstraum füllt und nachklingt auf dem Weg zurück in den Alltag der Welt. Viele Menschen haben Trost in Liedern gefunden! Paul Gerhardt drängt uns, das Singen wieder zu entdecken und auch die Schönheit der Natur, für die wir unserem Schöpfer danken können.

Vielleicht ist unsere Zeit, in der die Überzeugung, dass der Mensch alles im Griff habe, wankt, eine Chance, Paul Gerhardt neu zu entdecken. Es gibt eine neue Nachdenklichkeit: Mit welcher Orientierung leben wir in Zeiten ökonomischer Verunsicherung? Welche Grundhaltung geben wir unseren Kindern weiter? Wie begegnen wir der Herausforderung durch den Islam? In welche Wertegemeinschaft wollen wir Zuwanderer integrieren? Ich bin überzeugt, der christliche Glaube, an dem Generationen vor uns Halt gefunden haben, gibt auch uns und unseren Kindern Orientierung.

Etliche Lieder von Paul Gerhardt habe ich selbst als Kind sozusagen beim Kochen gelernt. Beispielsweise »Du meine Seele singe«, seine Version von Psalm 146, schmetterte meine Großmutter gerne in der Küche. Oder auch »Lobet den Herren, alle die ihn ehren«. Wenn ich diese Texte lese und höre, erinnere ich mich vor allem an die Vorweihnachtszeit in unserer Küche, an die Großmutter, die Gänsesülze fabriziert hat. Das war ein großer Akt in der Vorweihnachtszeit und dauerte lange genug selbst für alle 18 Strophen von »Ich singe dir mit Herz und Mund«.

Zum Einschlafen habe ich meinen Kindern oft »Nun ruhen alle Wälder« vorgesungen. Sie mochten besonders Vers acht: »Breit aus die Flügel beide«, der ja auch ein schönes Abendgebet für Kinder ist. Vor allem die letzte Zeile »Dies Kind soll unverletzet sein«, ist für Eltern wie

Kinder bewegend. Und wenn Weihnachten »Ich steh an deiner Krippen hier« angestimmt wird, dann kehrt bei mir eine tiefe innere Ruhe ein.

Da ich noch nicht geboren war, da bist du mir geboren
und hast mich dir zu eigen gar, eh ich dich kannt,
erkoren.

Es ist alles schon geschehen, Gott ist da, für mich, was auch immer passieren mag. Friedrich Zeller hat Paul Gerhardt einmal den »gewaltigste(n) Tröster der evangelischen Christenheit überhaupt« genannt.

Wann oft mein Herz im Leibe weint und keinen Trost
kann finden,
rufst du mir zu: Ich bin dein Freund, ein Tilger deiner
Sünden.
Was trauerst du, o Bruder mein? Du sollst ja guter
Dinge sein, ich zahle deine Schulden.

Paul Gerhardt spricht von Leid und doch davon, dass Gott uns mitten im Unglück froh machen will.

Er hat es wie kein anderer Liederdichter vermocht, den Blick für die Schönheit, aber auch für das Leiden, für die Lebensfreude und die Trauer beisammen zu halten. Nehmen wir ein Trostlied wie »Befiehl du deine Wege«. Wie oft haben wir alle das schon auf Beerdigungen mit unseren Gemeinden gesungen! Und ich habe erlebt, dass Menschen mich hinterher gebeten haben, ihnen den Text zu geben. Ihr Interesse zeigt, wie sie auch heute etwas an diesen Worten berührt hat. Auch mir geht das bis heute so:

Der Wolken Luft und Winden gibt Wege Lauf und
   Bahn,
der wird auch Wege finden, da dein Fuß gehen kann

– was für ein wunderbarer Gedanke, eine Ermutigung, dass es auch in schwierigen Zeiten mit Gottes Hilfe weitergehen wird.

Offensichtlich war Paul Gerhardt ein bescheidener, ja, zurückhaltender Mensch. Er hat aber wacker seinen Mann gestanden, ohne Rücksicht auf persönliche Nachteile, wenn es um seinen Glauben und das lutherische Bekenntnis ging. Als er vierzehn Jahre alt war und beide Eltern verlor, brach etwa zeitgleich der Dreißigjährige Krieg aus, »die traurige Begleitmusik seines weiteren Lebens«, wie Inge Mager schreibt. Von den vier Kindern, die seine Frau Anna Maria Berthold bis 1664 zur Welt bringt, überlebt nur Paul Friedrich, mit dem er nach dem Tod seiner Frau 1668 allein zurückbleibt. Der Verlust der Kinder und seiner Frau spiegelt sich immer wieder in Gerhardts Liedern, es ist ein leicht resignativer Grundton zu erkennen, der die Sehnsucht nach dem himmlischen Garten, dem Paradies anklingen lässt.

1657 wird Gerhardt an die St. Nikolaikirche in Berlin berufen. In den Auseinandersetzungen zwischen Reformierten und Lutheranern nimmt Gerhardt eine kompromisslose lutherische Haltung ein, die schließlich zu seiner Amtsenthebung führte. 1668 wird er als Archidiakon nach Lübben berufen, am 27. Mai 1676 stirbt er. Sein Grab wird in der Nähe des Altars in der Lübbener Nikolaikirche vermutet. Eine Beerdigungspredigt ist nicht erhalten. Aber seine Lieder klingen um die ganze Welt...

Gerade diese Biografie bringt uns wohl die Texte von Paul Gerhardt nahe. Wie sehr ringen Menschen mit der Bedeutung des Todes. Wie oft erklingt die Frage: Wie kann Gott das zulassen? Offensichtlich ist es heute noch viel schwerer, etwa mit dem Verlust eines Kindes zu leben. Paul Gerhardt findet Worte für's Leiden und Sterben, das Kreuz ist eines seiner großen Themen. Aber niemals bleibt er beim Leiden stehen, immer wieder enden die Verse in der großen Glaubenshoffnung der zukünftigen Welt. Das ist allerdings keine Vertröstung, die von dieser Welt ablenkt, wegführt, sondern in die Welt verweist.

Schwing dich auf zu deinem Gott, du betrübte Seele!
Warum liegst du, Gott zum Spott, in der Schwermuts-
*   höhle?*

Das ist ein immer wiederkehrendes Motiv.

Was kränkst du dich in deinem Sinn und grämst dich
*   Tag und Nacht?*
Nimm deine Sorg und wirf sie hin auf den, der dich
*   gemacht.*

Leiden ist auch für Paul Gerhardt eine Glaubensanfechtung, aber sie mündet für ihn in der Erfahrung, dass Gott ihn im Leiden trägt, der Glaube sein Halt ist. Leiden und Tod lassen uns manches Mal an Gott zweifeln. Paul Gerhardts Dichtungen stehen dafür ein, dass sie eben nicht eine Erfahrung von Gottesferne sind, sondern gerade eine Erfahrung von Gottesnähe.

So ermutigt uns Paul Gerhardt auch heute, den Tod und das Leiden nicht zu verdrängen, sondern als Teil des Lebens zu verstehen und zu thematisieren. In der persönlichen Gottesbeziehung ist unser Leid aufgehoben. Wir singen mit Paul Gerhardt auch vom Leid der Welt und vom persönlichen Leid eines einzelnen Menschen.

Ich lag in tiefster Todesnacht, du warest meine Sonne,
die Sonne, die mir zugebracht, Licht, Leben Freud und
*   Wonne,*

weiß er. Ganz persönlich geht es da um die Beziehung des Einzelnen zu Gott. Gott ist nicht ein diffuses Wesen, sondern Gott ist ganz personal »Du«. Und Gott ist mir auch nicht fern, sondern nahe, sieht mich und mein Leben ganz persönlich. Gerade deshalb kann ich mich mit meinem ganzen Leben, mit Scheitern und Versagen, aber auch mit Freude und Erfolg Gott anvertrauen.

In einer Zeit, in der viele Menschen religiöse Beheimatung suchen, sollten wir diese persönliche Gottesbeziehung als Markenzeichen des Christentums immer hervorheben. Nichts, was ich leiste und tue, gibt meinem Leben Sinn, sondern Gott ist es, der mir Lebenssinn zusagt. Diese Botschaft der Rechtfertigung fasst Paul Gerhardt in klare Worte und Bilder, die uns auch heute noch verständlich sind.

Immer wieder wird geklagt, in unseren Kirchen in Deutschland heute sei der Glaube so abstrakt, es gebe einen Mangel an Sinnlichkeit und Menschennähe. Doch das trifft auch deshalb nicht zu, weil in den Liedern Paul Gerhardts, die wir singen, zu spüren ist, wie ihm die Menschen am Herzen liegen. Er sieht sie und spricht eine sehr direkte Sprache von Freude und Leid, von Engeln und Teufel. Und auch spotten kann er:

Große Leute, große Toren!
Prangen sehr und sind doch Kot,
füllen Sinnen Aug und Ohren;
kommt's zur Tat, so sind sie tot. (92,8)

Das ist an Klarheit nicht zu überbieten. Mir machen diese Texte deutlich: Wir müssen die Menschen sensibel wahrnehmen mit ihrem Leben, ihrem Kummer, ihrem Schmerz, ihrer Freude. Paul Gerhardts Versen ist immer eine große Herzenswärme abzuspüren, auch wenn es um die kleinen und großen Fehler der Menschen geht. Das hat Vorbildcharakter.

Paul Gerhardt ist auch so aktuell, weil wir doch in unserer Zeit wissen, dass die Sprache des Glaubens und der Verkündigung nah bei den Menschen sein muss. Martin Luther hat ja einmal gesagt, ein Prediger solle dem Volk aufs Maul schauen – was nicht bedeutet, ihm nach dem Munde zu reden. Ich denke, trotz der manchmal altertümlich anmutenden Formulierungen bleibt die Sprache Paul Gerhardts auch heute verständlich. Es werden schlichte Dinge beschrieben, wahrgenommen und in Worte gefasst. Gerhardt knüpft an das Erleben der Menschen im Alltag an, um von Gott zu reden. Seine Verse sind niemals abstrakt und lebensfern, sondern nah am Leben. Gerade das macht sie so eindringlich. In einer Zeit, in der viele sich vom christlichen Glauben entfernt haben, ist eine solche Sprache dringend geboten. Die Menschen sollen schließlich erfahren, dass die »Sache mit Gott« sie selbst unmittelbar angeht.

Ich steh an deiner Krippen hier,
o Jesu, du mein Leben;
ich komme, bring und schenke dir,
was du mir hast gegeben.
Nimm hin, es ist mein Geist und Sinn,
Herz, Seel und Mut, nimm alles hin
und lass dir's wohlgefallen.

So wie wir sind, mit allem, was uns an Gelingen geschenkt wurde und auch mit allem, was uns schlicht misslungen ist, können wir Weihnachten an der Krippe stehen, am Ursprung unseres Glaubens. Wir sind willkommen, können hier Halt machen, zurückschauen und Gott unser Gelingen und Misslingen getrost überlassen. Hier dürfen wir uns vergewissern und neu ausrichten auf die Herausforderungen, die das neue Jahr für uns alle bringen wird. Mit allen Sinnen und von ganzem Herzen.

Wenn Gott in die Welt kommt

Neulich war in meiner Post der Brief eines besorgten Mannes. Er schickte mir Fotos vom Himmel, die er gemacht hatte, vor allem sich kreuzende Linien von Kondensstreifen der Flugzeuge über Hannover. »Sind das nicht Zeichen?«, fragte er. »Sieht denn niemand, was passiert?«

Nun, ich bekomme die merkwürdigsten Briefe, das können Sie sich sicher vorstellen. Manche sind schlicht etwas »durch den Wind«; bei diesem hatte ich allerdings das Gefühl, der Schreiber meint das sehr ernst und findet niemanden, der ihm zuhört. In den vergangenen Jahren gab es ja in der Tat manch banges Nachdenken: Die Ölpest als Zeichen der Demut: der Mensch hat nicht alles »im Griff« ist das nicht zeichenhaft? Diese ungeheuren Fluten in Mittelamerika – sind das Zeichen der Erderwärmung oder der Endzeit?, wurde da mehr als einmal gefragt. Die Aschewolke über Europa – ein Zeichen des Himmels?

Ich selbst bin keine Anhängerin von Himmelsdeutung oder der Spekulation, wann denn die Welt zu Ende geht oder Christus wieder kommt. Allzu viel Humbug wurde damit schon getrieben und allzu viel Angst verbreitet. Und mancher selbsternannte Prophet hat sich auch schon lächerlich gemacht, wenn er meinte, er könnte das Ende selbst berechnen … und als der Tag kam, drehte sich unsere Welt weiter wie zuvor. Kurzum: diese Spekulation können wir auch schlicht lassen und die Zukunft Gott anvertrauen. Allerdings: *Dass* die Welt enden wird, die wir kennen, das steht in der Bibel. Und in jedem Glaubensbekenntnis, das wir sprechen, bekennen wir, dass wir glauben: »… von dort wird er kommen, zu richten, die Lebenden und die Toten.« Nehmen wir das eigentlich ernst?

Darüber habe ich nachgedacht, als ich einen Vers las, der als Wochenspruch über der zweiten Adventswoche steht: »Wenn aber dieses anfängt zu geschehen, dann seht auf und erhebt eure Häupter, weil sich eure Erlösung naht.« (Lukas 21,28) Meistens wird der erste Teil dieses Verses weggelassen: »wenn aber dieses anfängt zu geschehen«. Aber das ist ein bisschen leichtfertig, denke ich. Denn was da geschieht, beschreibt der Evangelist Lukas sehr genau: Zeichen am Himmel werden geschehen, den Völkern wird bange sein, sie verzagen vor dem Brausen des Meeres und haben Furcht, weil die Kräfte des Himmels ins Wanken kommen. Da geht es offenbar tatsächlich um Naturphänomene, die das Weltenende ankündigen und das Kommen des Gottessohnes. Müssen wir davor Angst haben? Ist all das Reden von Advent, Ankunft vielleicht allzu oberflächlich und harmonisch? Ich möchte dem Vers in drei Aspekten nachgehen:

»Seht auf und erhebt eure Häupter, weil sich eure Erlösung naht«: Das ist eine großartige Formulierung, das Erheben der Häupter ist eine wunderbare Geste. Wie viele gesenkte Häupter gibt es auf dieser Welt! Ich denke an die

Menschen in Flüchtlingslagern. Menschen, die ohne Hoffnung sind, die hungern und nicht weiter wissen. Wie viele Menschen aber auch bei uns, die den Blick senken, die dir nicht in die Augen schauen aus Scham, aus Betroffenheit und Trauer. Manchmal, wenn ich das Abendmahl als Wandelkommunion feiere, weil es zu viele Menschen sind, um im Kreis um den Altar zu feiern, und das Brot austeile, einem nach der anderen, dann denke ich: Wie viele Mühselige und Beladene gibt es doch auch bei uns! Wie viele Menschen kommen da mit der Last ihrer zerstörten Beziehung, mit den Sorgen um die Kinder, mit dem Schmerz, nicht gebraucht zu werden, mit der Angst um den Arbeitsplatz, mit der Krankheit, die sie bewältigen müssen. Wie viele stehen auch da mit ihrer Schuld und fragen sich, ob sie mit der Schuld leben können oder sich das Leben nehmen sollen. Ja, gesenkte Häupter, die gibt es bei uns. Und die gibt es in aller Welt.

Was es heißt, wenn dir einer sagt: erhebe dein Haupt, das wissen wir vielleicht am besten aus Kitschfilmen. Der König, der die hübsche junge Frau am Kinn fasst, das Haupt zu sich aufrichtet und ihr in die Augen schaut. Oder der Herrscher, der den Ritter, der auf die Hinrichtung wartet, aufrichtet, die Hand auf die Schulter legt, und die Blicke begegnen sich. Das Opfer, das dem Täter vergibt – welche Größe, wenn er sein Gesicht wieder offen zeigen kann. Wer das Haupt erheben darf, gewinnt eigene Würde neu. Mir ist das besonders klar geworden bei einer Bemerkung, die der Hannoveraner Diakoniepfarrer, der das Obdachlosenprojekt Asphalt ins Leben gerufen hat, einmal machte. Er sagte: »Wenn einer da unten sitzt mit seiner Schachtel für die Almosen, dann ist er zum Objekt geworden. Wenn einer eine Zeitung verkauft, dann schauen wir uns an und begegnen uns auf Augenhöhe. So gewinnt der Mensch seine Würde neu.«

Gott will uns nicht in Angst und Schrecken versetzen. Sondern Gott will uns unsere Würde geben. Wir sind Gottes Geschöpfe, Gottes Ebenbild. Wir können unser Haupt erheben. Nicht überheblich, aber stolz im positiven Sinne. Du bist etwas wert, weil Gott dich geschaffen hat. Ob du behindert bist oder gesund, viel Geld verdienst oder auf Sozialhilfe angewiesen, ob alt oder jung, ob erfolgreich oder ständig vom Scheitern bedroht: erhebe dein Haupt! Ich denke, dieser Vers passt gut in die zweite Adventswoche. Jesus, das Kind, dessen Geburt wir wieder feiern werden, hat Menschen genau so angesehen. Dieser Zachäus, der verschlagene Zöllner, durfte ihn zu Gast haben. Die blutflüssige Frau konnte ihn berühren. Die Kinder sollten zu ihm kommen. Mit den Gelehrten hat er disputiert. Gottes Sohn war sich nicht zu gut, den Menschen auf Augenhöhe zu begegnen. Diese Menschennähe Gottes ist ein ungeheurer Schatz unseres Glaubens.

Und als zweites: die Erlösung. Sie ist nahe, sagt Lukas. Nun haben manche gar nicht den Eindruck, sie müssten erlöst werden. Viele Menschen in unserem Land würden wohl sagen: mir geht es ganz gut, was soll dieses Gerede von der Erlösung? Sagen wir einmal so: der gefühlte Erlösungsbedarf ist gering. Das liegt sicher auch daran, dass viele sich eher ablenken, als sich mit existentiellen Fragen des Lebens zu befassen. Nach einer neuen Studie verbringt der Durchschnittsdeutsche sage und schreibe 220 Minuten vor dem Fernseher – pro Tag! Das sind fast vier Stunden! Ich habe extra auf dem Taschenrechner nachgerechnet: Auf 365 Tage im Jahr gerechnet sind das 80 300 Minuten, also 1338 Stunden im Jahr oder auch knapp 56 volle Tage. Und wenn wir das weiterspielen, dann hat ein Mensch mit 70 Jahren 3903 Tage mit Fernsehen verbracht, ein Siebtel seiner Lebenszeit. Und das Surfen im Internet ist noch gar nicht einmal eingerechnet. Da ist so viel Ablenkung, dass der Gedanke an Erlösung gar keinen Raum hat.

Und doch ist da diese Sehnsucht nach erfülltem Leben. Die lässt sich nicht betäuben, durch kein Shoppingerlebnis und kein Fernsehprogramm der Welt. Mir liegt aber daran, dass wir die Erlösung nicht nur auf Gottes Zukunft verschieben. Ja, dann wird Leid und Geschrei und Tod ein Ende haben, sagt die Bibel. Diese Welt endet und alles wird neu. Darauf können wir vertrauen, ohne darüber allzu viel zu spekulieren. Aber Gott traut uns auch zu, Zeichen der zukünftigen Welt schon heute zu setzen. Wie viele Menschen sind einsam im Land und würden sich über einen Besuch freuen! Wie viele Eltern sind völlig überlastet und wären froh über freiwillige Großeltern, die ihnen Erziehungsbeistand leisten. Wie viele Schüler bräuchten jemanden, der sie an die Hand nimmt, ihnen hilft beim Weg ins Leben.

Unser Land braucht nicht nur handelnde Politik, sondern auch engagierte Menschen, eine aktive Zivilgesellschaft, Freiwilligendienste aller Art, damit das Gewebe lebendig bleibt, das unser Land sozial trägt. Das gilt nun zuallererst für Christinnen und Christen. Wie sagte Nietzsche: »Wenn die Christen etwas erlöster aussehen würden, könnte ich mich der Sache ja annähern.« Darum geht es doch! Wir glauben an den Auferstandenen und nicht an einen Toten. Wir glauben an Jesus Christus, der kommen wird. Dafür stehen wir schon hier und jetzt ein. Im Vertrauen auf Gott leben wir das Leben bewusst, nehmen jeden Tag als Geschenk aus Gottes Hand. Wir verbringen unsere Lebenszeit nicht einfach nur irgendwie, sondern fragen, was macht heute für mich Sinn, wem kann ich vielleicht zur Seite stehen? Ich muss ja nicht gleich Deutschland sein, aber einbringen kann ich mich, auch in kleinen Schritten. Kleine Zeichen der Hoffnung, der Erlösung setzen. Eine Lebenshaltung an den Tag legen, die zeigt, worauf sie vertraut. Die sich nicht in allgemeinem Lamento ergötzt, sondern mit Dankbarkeit und Zuversicht gestaltet. Erhobenen Hauptes.

Ein dritter Gedankenkreis: Advent heißt Ankunft. Wir warten auf Gottes Ankunft in der Welt. Das heißt doch: wir haben keine Angst vor Gottes Kommen, sondern wir vertrauen gerade darauf. Die Geburt des Gotteskindes vor 2000 Jahren hat uns ja gezeigt, wie Gott ist. Nicht der strafende Herrscher, sondern einer, der unser Leben kennt. Nicht der in großer Distanz irgendwo da oben auf uns Herabschauende, sondern Gott, der uns in die Augen schaut, Liebe und Leid, Freude und Schmerz, Geburt und Tod kennt. Gott, der den Menschen ganz nahe ist. Gott, der leidet und den Tod erfährt – dieses Gottesverständnis unterscheidet uns wohl mehr als alles andere von anderen Religionen. Da geht es um radikale Menschennähe Gottes. Und zwar eine, die uns die Angst nehmen kann. Ein banges Herz mag es geben, ja. Davon spricht Lukas ja auch. Und wenn wir wirklich tief nachdenken über unser Leben, unsere Welt, dann kann uns auch bange werden. Aber Jesus als Licht der Welt nimmt uns die Angst. Da geht es um Liebe, Vertrauen, Leben in Verantwortung und Hoffnung. Licht für Licht zünden wir an im Advent, um uns darauf vorzubereiten, darüber zu freuen.

Wir brauchen Menschen, die davon Zeugnis ablegen, gerade in einer Zeit, in der viele den Glauben nicht mehr kennen. Ich fand es sehr gut, dass Bundespräsident Horst Köhler in seiner ersten Rede gesagt hat: »Gott segne unser Land.« Einige meinten da: darf der das denn? Aber ich bitte Sie! Unser Land kann Segen wahrhaftig gebrauchen! Und es ist gut zu wissen, wo sich unser Bundespräsident verortet, was die Grundlage seines Handelns ist. Und es ist gut zu wissen, dass die Bundeskanzlerin sich auf Gottes Hilfe angewiesen weiß. Da findet sie Orientierung und Halt. Das grenzt doch nicht aus, das zeigt Identität! Und es zeigt Verantwortungsbewusstsein, das Wissen um Rechenschaftspflicht für das eigene Reden und Tun. Das können wir in unserem Land wahrhaftig gebrauchen, nicht nur bei Ministerpräsidenten und Kanzlerinnen, sondern bei jedem in Wirtschaft und Schule, bei jeder in Politik und Nachbarschaft, bei allen am Arbeitsplatz und in der Stadt.

Auf Gottes Lebenszusage vertrauen auch wir und vor Gott verantworten wir unser Leben. Unsere Herausforderung heute ist, dass wir dieses Gottvertrauen, dieses Wissen um die Lebenskraft Gottes, die uns in dieser Welt und der kommenden Welt tragen wird, weitergeben an die kommende Generation. Wann immer Gottes Wiederkunft Realität werden wird: die jungen Leute heute sollten wissen, wo sie sich verwurzeln, wo sie Orientierung, Werte und Kraft finden. Wir alle sind herausgefordert, auch zu reden von dem, was wir glauben. Gott braucht Menschen. Oder wie Dorothee Sölle das formuliert hat: »Gott braucht Freundinnen und Freunde, sonst hat er keine Macht.«

In diesem Sinne wünsche ich uns allen, dass wir unser Leben Jesus Christus anvertrauen. Dass wir unser Tun und Leben vor Gott verantworten. Dass wir nicht in Angst vor Gott leben, sondern im Vertrauen auf Gottes Gegenwart und ebenso in Hoffnung auf Gottes Zukunft. Gottes Ankunft dürfen wir glauben, weil wir von der Gegenwart Jesu wissen.

Es kann neu werden

Manchmal haben wir es nicht leicht mit der Weihnachts-
vorbereitung, finde ich. Da reiht sich Absurdität an Absurdität. Einerseits tönt wieder einmal gnadenlos ab Mitte
November »Last Christmas« über das Radio, und in eben
diesem Sender wurde dann betroffen darüber diskutiert,
wie sehr die Leute vom Xmas-Gedudel genervt sind. Die
geradezu idiotische Schnäppchenjagerei hat nicht einmal
einen Hauch von Komik. Und wahrhaftig hat als Weih-
nachtsgruß ein real existierender Ministerpräsident (nicht
der unsere!) ein Foto von sich mit Osterhasen im Arm
vor dem Weihnachtsbaum verschickt. Das soll nun Fort-
schrittlichkeit darstellen! Nur noch seufzen konnte ich,
dass eine Fernsehzeitung Kinderfilme zusammenstellt
unter dem Motto »Jesus, Pippi und Co. klopfen bei euch
an«. Als ich dann gelesen habe, dass nur gut die Hälfte der
Deutschen die Weihnachtsgeschichte kennen und von
denen auch noch ein Viertel meint, sie stamme von den
Gebrüdern Grimm, war ich nahe daran, aufzugeben. Lassen wir's mit Weihnachten, es wird nur verblödet, verkitscht und mit skurrilem Humor lächerlich gemacht.

Aber dann ist es doch wieder soweit, und wir kommen
an am Heiligen Abend. Wie Generationen vor uns birgt
uns eine Kirche. Wir bleiben nicht allein zu Hause, sondern kommen zusammen und hören die alten Worte. Ja,

die Geschichte stammt vom Evangelisten Lukas. Wir singen Lieder, die vor Jahrhunderten gedichtet wurden, wir lassen uns fallen in eine Gemeinschaft, die viel weiter reicht als wir. Traditionen und Rituale sind besonders wichtig in einer so kurzatmigen Zeit. Stellen wir uns vor, wie viele Heilige Abende, wie viele Hoffnungen und Sorgen, wie viele Liebesgeschichten und Gebete die Kirchen unseres Landes kennen! Und was der christliche Glaube schon alles erlebt hat an Höhen und Tiefen, an eigenen Irrwegen und an Verzerrung durch andere. Und doch hört jede Generation die Botschaft neu: Gott ist gekommen, Gott ist da, mitten in der Welt.

Diese Botschaft feiern wir. Wir haben eingekauft und das Essen vorbereitet. Der Baum steht geschmückt zu Hause. Vielleicht sind die Kinder schon zu Besuch gekommen. Oder vielleicht feiern wir dieses Jahr auch allein. Nun sagt das Gotteshaus, in dem wir sind: Willkommen hier am Heiligen Abend! Es ist gut, dass du da bist. Denn trotz all dieses Getümmels, aller irrsinnigen Raserei hat Weihnachten etwas mit Gott zu tun. In der Tat! Ja, wir feiern die Geburt des Gottessohnes. Gott kommt in die Welt. Lukas hat das in seiner Schilderung unvergesslich ausgemalt. Er hat der ganzen Welt ein Bild dafür gegeben, was es heißt, wenn Gott Mensch wird. Gott kommt nicht mit Blitz und Donner, sondern wird wie jeder Mensch geboren.

Was an Weihnachten gefeiert wird, erzählt ein Autor des Neuen Testamentes in ganz anderen Worten als denen der Geburtsgeschichte, die uns so vertraut sind. Er schreibt im Titusbrief:

Denn es ist erschienen die heilsame Gnade Gottes allen Menschen und nimmt uns in Zucht, dass wir absagen dem ungöttlichen Wesen und den weltlichen Begierden und besonnen, gerecht und fromm in dieser Welt leben und warten auf die selige Hoffnung und Erscheinung der Herrlichkeit des großen Gottes und unseres Heilandes Jesus Christus. (Titus 2)

Ich gebe zu, das ist etwas abstrakter als die Erzählung von Lukas, die wir inzwischen so gut kennen. Keine schwangere Maria, kein Josef, keine Hirten, kein Stall. Aber es ist doch eine ziemlich präzise Zusammenfassung der Weihnachtsbotschaft. Schauen wir mal näher hin und versuchen uns vor allem drei Begriffen zu nähern, die überaltert klingen mögen, aber vielleicht neu zu entdecken sind.

Da ist zuallererst die *Gnade:* Gottes Gnade ist erschienen. Ja, darum geht es Weihnachten. Jetzt sagen vielleicht einige: Gnade – ist dieser Begriff nicht völlig aus der Mode gekommen? Aber doch, wir kennen ihn schon. »Richter Gnadenlos« wurde Herr Schill, einstmals Senator in Hamburg, in seinen populären Zeiten genannt. Das sollte heißen: der lässt sich nicht erweichen, der geht knallhart vor, Recht vor Gnade, Höchststrafe! Oder: Wer will schon um Gnade betteln? Gnade meint eine Zuwendung, eine Liebe, die nicht rechnet, die den Menschen ansieht und versteht, was er braucht, die nicht auf einen Anspruch pocht oder darauf, wer zuständig ist, sondern in freimütiger Großzügigkeit gibt, trägt, hält. Das ist die Frau, die dem Mann die verletzende Bemerkung nachsieht, weil sie weiß, es war ja anders gemeint. Der Arbeitgeber, der den Fehler sieht und nicht den Kündigungshammer schwingt. Oder das Bewusstsein für das Geschenk, im Überfluss zu leben, nur weil man zur richtigen Zeit im richtigen Land geboren bin. Gnade ist immer unverdient, das ist wichtig. Sie gilt jedem. Dass sie darüber nicht zur »billigen Gnade« wird, darauf hat der Theologe Dietrich Bonhoeffer hingewiesen. Das heißt, dass wir Gottes Zuwendung nicht als simple Selbstverständlichkeit hinnehmen sollten nach dem Motto: »Jesus loves me this I know, because the bible tells me so«. Nein, Gottes Gnade sagt: ich wende mich dir zu, bedingungslos. Du darfst mir vertrauen mit deinen Ängsten und Fragen. Aber ich hoffe darauf, dass dich das verändert.

Deshalb ist als zweites wichtig: Gottes Gnade will uns auch, wie Luther übersetzt, *in Zucht nehmen* – das klingt ja ziemlich scheußlich nach heutigem Sprachempfinden. Der griechische Begriff meint »erziehen«. Jetzt stöhnen vielleicht alle jüngeren Leute: Gott will uns auch noch erziehen. Das wollen doch schon Eltern, Schule, Ausbildungsplatz, Universität … In einem positiven Sinne heißt »erziehen« doch aber auch: eine Richtung aufzeigen; nicht zwingen, sondern Orientierung geben. Das heißt: Gottes Gnade ist nicht einfach nur so da. Sie will uns verändern. Sie ist nicht um ihrer selbst willen da, ihr Ziel ist nicht, dass sie eben erscheint – sondern das Ziel der Gnade Gottes sind wir. Ja, du und ich sind gemeint. *Für uns* ist Gottes Gnade erschienen. Einerseits will Gott uns beistehen, da sein, trösten und halten in den schweren Zeiten. Andererseits fordert uns Gott auch. Es ist zu billig, vom lieben Gott zu reden, ihn sozusagen zu einem lustigen Weihnachtsmann zu machen, zum Leitmotiv für ein Winterwohlfühlfest. Nein, Gott will tatsächlich etwas, und das geht über die Bilanzen des Einzelhandels hinaus. Ich bin überzeugt, Gott will nicht weniger von uns, als dass wir die Welt verändern. Das erschreckt einige, ich weiß! Weltverbesserer werden ja stets eher belächelt. Aber wenn Gott uns eine Orientierung gibt, dann doch die: es geht darum, Hass und Gewalt zu überwinden. Es geht darum, die Vision von Gerechtigkeit Wirklichkeit werden zu lassen. Auch an Weihnachten können wir die Augen nicht davor verschließen, dass in unserer Welt so manches aus den Fugen geraten ist. Wir haben Angst vor Terror. Vor einigen Jahren wurden die 1,4 Millionen Frauen und Männer der US-Streitkräfte vom *Time Magazine* kollektiv zur Persönlichkeit des Jahres gewählt – ihr Einsatz in aller Welt aber konnte auch in diesem Jahr keinen Frieden schaffen. Vielmehr scheint es, als würde immer noch mehr Hass gesät. Während die Globalisierung gepriesen wird, hungern die Menschen in vielen Ländern, sehen keine Perspektive, gehen auf die Flucht in kleinen Flüchtlingsbooten, die im Mittelmeer versinken. Und auch bei uns gibt es Angst – um die Rente, um die Gesundheitsversorgung, um die Arbeitsplätze, um die Kinder, die zum Armutsrisiko geworden sind.

Die Geburt des Gotteskindes ist mitten in der Angst

dieser Welt wie ein Stern am Himmel, wie ein Licht über dieser Welt, das sagt: Gebt nicht auf, lasst euch nicht entmutigen. Behaltet die Vision im Auge, dass etwas verändert werden kann. Dass es keinen perfekten Frieden auf Erden gibt, darf uns nicht davon ablenken, dass wir sehr wohl für Frieden und Gerechtigkeit eintreten müssen. Das Elend auf der Welt, Hunger und Armut dürfen nicht einfach von der Tagesordnung der reichen Länder gefegt werden, nur weil es unbequem ist. Wir haben eine Verantwortung vor Gott und vor den kommenden Generationen. Ich weiß, wir werden nicht jetzt und gleich die Weltprobleme lösen können. Aber wir dürfen auch die Augen nicht verschließen. Wegschauen ist keine Lösung. Wenn alle sagen, wir können nichts ändern, dann ändert sich nichts. Wir sind gefragt, uns will Gott in Bewegung setzen.

Damit kommen wir zum dritten altmodischen Begriff. Wir sollen »besonnen, gerecht und *fromm* leben«. Da höre ich die ersten schon wieder seufzen. Spricht da die Moralapostelin, die nun erklärt, was wir alles nicht dürfen – und das ist wahrscheinlich alles, was Spaß macht? Nein, so platt moralisch ist die biblische Botschaft gar nicht. Ich weiß wohl, der Begriff »fromm« ist wahrhaftig nicht in Mode. Aber Frommsein – das darf nicht nach Mottenkugeln riechen oder moralinsauer aufstoßen. Fromm sein ist vielmehr eine wunderbare Lebenshaltung. Sie meint eine Doppelbeziehung: ich weiß mich von Gott gehalten und getragen. Deshalb gehe ich offen auf andere zu und will Gottes Welt mitgestalten. Fromm sein ist eine eigene innere Freiheit von all den Zwängen und Urteilen der Welt. Auch wenn die Werbung uns ständig das Gegenteil eintrichtert, sagt die Bibel: Es ist nicht das Wichtigste im Leben, ob ich den Super-Arbeitsplatz habe, viel Geld verdiene, ein geiles Auto fahre und eine tolle Figur habe. Nein. Christen kennen ein Kontrastprogramm: Du hast deinen Lebenssinn darin, dass Gott dir zusagt: Fürchte dich nicht! Ich bin ja da. Und nun mach' das Beste aus deinem Leben. Wer so leben kann, ist wirklich ein freier Mensch.

Dann kann ich gelassener werden. Und auch diese elende Angst ablegen, stark sein zu müssen, mich zu beweisen. Oder vielleicht auch aufhören, immer woanders das Bessere zu suchen – in einem anderen Land, mit einer anderen Frau, bei einem anderen Job. Es geht darum, unser Leben zu ordnen in all dem Durcheinander. Dazu gibt Gott Orientierung. First things first.

Vor allem wird doch eines deutlich: Wer an Jesus Christus glaubt, hat Hoffnung. Er ist der Heiland, das ist im ganz positiven Sinn gemeint. Da kann etwas heil werden, weil wir den Blick weiten. Wir haben sozusagen einen Kompass zum Leben in all dem Chaos. Und der sagt: Gott ist in der Welt, damit wir hier Mut und Orientierung finden zum Frieden. Für uns selbst wie für die Welt.

Der Heilige Abend ist nicht heilig, weil er so ruhig ist und still. Nein, wir nennen ihn heilig, weil Gottes Heil zur Erde kommt. Ist das nicht tröstlich: Nicht wir müssen göttlich werden, perfekt. Sondern Gott wird Mensch. Gott selbst kommt uns entgegen, streckt die Hand aus. Ja, es gibt Angst und Fragen im Leben. Ja, du darfst dich auch freuen im Leben, glücklich sein. Aber in all dem bist du nicht allein, selbst wenn Menschen dich enttäuschen. Gott wendet sich dir zu. Gott wird geboren, Gott wird Mensch in Jesus. Und deshalb können wir in Verantwortung leben aus einer Hoffnung heraus, die weit über diese Zeit und Welt hinaus geht. Heilige Nacht – wir vertrauen darauf, dass nicht nur Vergangenheit und Gegenwart, sondern auch die Zukunft in Gottes Hand liegen. Wir können uns fallen lassen in Gottes Gnade, Gottes Zuwendung dankbar feiern und wissen, dass uns das auch auf den Weg bringt, kleine und große Schritte zu gehen. Damit wir auch die Welt unter dieser Zuwendung verändern.

Dem Geheimnis Raum geben

Weihnachten ist die Zeit der schönen Geheimnisse. Ich schenke dir was, kannst du es erraten? Schenkst du mir was? Ob er mir wohl schenkt, was ich mir wünsche? Was mag in diesem so schön verpackten Geschenk verborgen sein? Und so mancher, der schenkt, wartet beim Auspacken darauf, dass die andere sich wirklich freut über das mit viel Mühe Ausgesuchte. Und auch ein enttäuschtes Gesicht kann es geben, wenn das Geschenk nicht das erhoffte ist. Hat der andere nicht gut genug zugehört? Hat sie sich keine Mühe gegeben? Bin ich ihr nicht genug wert? Liebt er mich nicht? Geheimnisse beim Schenken sind etwas Wunderbares. Aber auch eine heikle Sache. Wirklich enttäuscht hat mich ja eine Zeitungsnotiz, dass jeder zweite Mann in Großbritannien nicht mehr weiß, was ihm seine Partnerin im Jahr zuvor zu Weihnachten geschenkt hat.

Schenken und Beschenktwerden, das gehört zu Weihnachten. Weil am Anfang das Geschenk Gottes steht. Ein Vers aus dem Timotheusbrief bringt es so zum Ausdruck:

Groß ist, wie jedermann bekennen muss, das Geheimnis des Glaubens: Er ist offenbart im Fleisch, gerechtfertigt im Geist, erschienen den Engeln, gepredigt den Heiden, geglaubt in der Welt, aufgenommen in die Herrlichkeit« (3,16).

Ja, groß ist das Geheimnis des Glaubens! Ein Leben lang spüren wir ihm nach. Und gerade an Weihnachten wünschen wir uns, dass dieses Geheimnis unser Herz bewegt. Dass wir etwas aufnehmen können davon: dieses Kind ist Gottes Geschenk für uns Menschen. Deshalb beschenken wir einander.

Offenbart im Fleisch – das hört sich altertümlich an. Gemeint ist, dass in diesem Kind, dessen Geburt wir an Heilig Abend feiern, Gott selbst erschienen ist. Wir können das Geheimnis nur erahnen, wenn wir auf den Menschen Jesus schauen. Die Geburt dieses Kindes wird doch erst vom Ende her bedeutungsvoll. Weil wir glauben, dass der Tod nicht das Ende war, dass Jesus, wie die Bibel sagt, aufgenommen wurde in die Herrlichkeit, schauen wir staunend auf dieses Kind. In einem Kind kommt Gott zur Welt. Nicht zu fassen!

Es hat Zeiten gegeben, in denen uns die Begriffe »Kind« und »Krippe« besonders im Ohr geklungen haben. Die Krippe wurde als Ort der Vernachlässigung dargestellt, nach dem Motto: mangelnde Mutterliebe – abgeschoben in die Krippe. Das ist zum einen eine Missachtung der Leistung vieler Erzieherinnen. Aber wenn wir die Weihnachtsgeschichte bei Lukas anschauen, dann steht die Krippe zwar in der Tat für Armut. Keine Wiege eben, kein Himmelbett. Aber sie ist ja auch zum Sinnbild von Liebe und Geborgenheit geworden. Maria und Josef tun, so schwierig die Situation sein mag, was sie können für dieses Kind. Solche Eltern, die in aller Armut für ihr Kind da sind, wünschen wir jedem Kind. Eltern, die das Kind schützen – und sei es, bildlich gesprochen, nur auf Stroh gebettet. Und dann brauchen wir Hirten, die aufmerksam hinschauen, was mit dem Kind ist. Und großzügige Weise, die sich mühen um die materielle Absicherung des Kindes. Denn das ist sicher das zentrale Bild für Weihnachten: Gott kommt als Kind in eine Welt, die nicht heil und wohlig ist. Das Kind wird zum Zeichen der Verletzlichkeit des Lebens. Es mahnt uns, auf die Verletzlichen, auf die Kinder zu achten. Im Verletzlichen liegt die Zukunft der Menschheit. Das zeigt uns Gott selbst.

Das Himmlische wirkt in die Welt hinein. »Erschienen den Engeln«, sagt der Vers, den wir betrachten. Das Geheimnis ist in Gottes Wirklichkeit also teilweise gelüftet. Die Engel dienen Christus, dem Auferstandenen. Das meint wohl auch gerechtfertigt im Geist: Gott hat an Jesus gehandelt, das Urteil der Menschen über ihn ist aufgehoben. Wir sehen den Menschen Jesus, geboren als Kind, gestorben als Verurteilter. Aber wir erkennen nur stückweise -das Geheimnis ist viel größer, Gottes Geist lässt sich nicht von unseren Vorstellungen und unserer Welt einengen.

Dieses Geheimnis wird nun gepredigt den Heiden, geglaubt in der Welt. Die Heiden, das sind für die Bibel wir! Wir, die Menschen aus allen Völkern, denen die Geschichte vom Gotteskind erzählt wird. Es ist gut, wenn wir uns diese Geschichte immer wieder weitersagen. Im Weihnachtsgottesdienst saß einmal ein kleiner Junge neben mir. Als dann die Geschichte gelesen wurde: »Es begab sich aber zu der Zeit …«‚. stöhnte er laut und sagte: »O Mann, die Story kenn ich schon!« – »Ja«, habe ich gesagt, »du kennst sie, und du wirst sie jeden Heiligen Abend wieder hören. Aber du wirst sie immer neu hören, weil du dich veränderst und die Welt um dich herum.«

Dem Geheimnis des Glaubens können wir uns nur annähern, indem wir die biblische Geschichte hören und lesen. Das ist ja das Faszinierende an der Bibel, finde ich: Wir lesen die Geschichten immer neu, in einem veränderten Kontext, in einer anderen Zeit; und auch wir verändern uns von Jahr zu Jahr, wenn wir diese Geschichte hören. Weihnachten wird uns das besonders bewusst. Die Worte klingen altvertraut. Das tut uns und unserer Seele gut. Das beheimatet uns in unserem Glauben, in unserer Kirche, in unserem Leben. Wir hören die Worte, und das Geheimnis kommt in uns zum Klingen. Wir erinnern uns an andere Weihnachtsfeste, vielleicht besonders die Weihnachten, an denen Kummer und Leid uns umgetrieben haben. Und wem das Herz schwer ist, kann sich doch auch fallen lassen in die Worte: »Euch ist heute der Heiland geboren«. Ja, dir und mir! Das Kind in der Krippe hat mit uns zu tun, mit unserem Leben!

Das höre ich mitten in meinen Fragen nach dem Sinn des Lebens, die besonders laut werden, wenn mein Leben nicht glatt und gerade verläuft, wenn es scheint, als bräche alles aus den Fugen und gäbe keinen Halt mehr. Gerade dann erinnern wir uns an die Engel, denn sie rufen uns zu wie den Hirten: »Fürchtet euch nicht!«. Da kann uns warm ums Herz werden. Wir verstehen nicht alles, wir können Gottes Geheimnis nicht vollkommen lüften. Aber wir ahnen: Ja, dieses Kind ist auch für mich geboren. Es gehört zum Geheimnis des Glaubens, dass die Botschaft von der Liebe Gottes sich auch dann Gehör verschafft und dennoch »geglaubt wird in der Welt«. Gottes Liebe zu uns bezieht die ungelösten Fragen und Rätsel unseres Lebens mit ein, auch die Frage nach Sterben und Tod.

Martin Luther, der übrigens als »Weihnachtschrist« bespöttelt wurde, weil ihm so viel an diesem Fest lag, hat immer betont, dass es den offenbarten und den verborgenen Gott gibt. Den offenbarten Gott sehen wir in Jesus Christus. In den Erzählungen der Evangelien erfahren wir, wie Gott die Menschen mit Liebe ansieht. Wie die Liebe Gottes auf Menschen wirkt. Die dunkle Seite bleibt – warum es dennoch all das Leid gibt in dieser Welt, was schließlich sein wird nach diesem Leben, das können wir nicht vollkommen erfassen. Da bleibt ein Geheimnis des Glaubens. Wir dürfen aber darauf vertrauen, dass eines Tages in Gottes Zukunft Leid und Geschrei ein Ende haben werden. Alle Tränen werden dann abgewischt und der Tod wird nicht mehr sein. Das ist die große Hoffnung des Glaubens.

Das kann uns nun nicht billig beruhigen angesichts sterbender Kinder mitten unter uns und in aller Welt. Jacqueline, André und Lea-Sophie sind Namen von Kindern, die vernachlässigt, getötet und missbraucht werden. Und sie sind eine Mahnung, dass wir eine Kultur der Achtsamkeit brauchen in unserem Land.

Weihnachten hat es mit dem großen Geheimnis des Glaubens zu tun. Jenem Geheimnis, das sich nicht lösen lässt wie ein Rätsel. Weil es mit der Liebe Gottes selbst zu tun hat. Der Theologe Eberhard Jüngel hat einmal gesagt: »Die Liebe ist eben kein Rätsel, das man löst und damit entzaubert. Liebe ist ein Geheimnis, in das wir immer tiefer eintauchen dürfen, sie wird dadurch mehr und mehr als das erkannt, was sie ihrem Wesen nach ist.«

Das werden die Liebenden heute Abend besonders verstehen. Sie leben ja aus dem Geheimnis der gegenseitigen Liebe. Und gerade im Blick auf die Menschen, die wir besonders lieb haben, bemühen wir uns mit dem Beschenken und wissen doch zugleich: die Liebe selbst ist ein Geschenk.

Das eben gilt auch für den Glauben. Gott macht uns das große Geschenk seiner Liebe in Jesus Christus. Darin besteht das Geheimnis des Glaubens, dass alles mit dieser Liebe Gottes seinen Anfang nimmt und – o Wunder der Weihnacht – seitdem in aller Welt gepredigt und geglaubt wird.

Übrigens: ein allzu früh gelüftetes Geheimnis kann auch bitter enttäuschen. Ich erinnere mich an meine Kindheit, als ich mir nichts sehnlicher wünschte als einen Kaufmannsladen. Ich wollte unbedingt wissen, ob ich ihn bekomme und habe heimlich das ganze Haus danach abgesucht. Schließlich habe ich ihn hinter dem Schrank im Schlafzimmer meiner Eltern gefunden. Erst habe ich mich gefreut. Am Heiligen Abend aber war ich enttäuscht. Es gab keine Überraschung mehr. Alles war schon klar. Und ich durfte noch nicht einmal sagen, dass ich es ja schon wusste. Nie wieder habe ich versucht, Geschenke vorab zu finden.

Das Geheimnis des Glaubens werden wir nicht auflösen. Nicht in diesem Leben. Gott bleibt in großen Teilen der verborgene Gott. Erst in Gottes Zeit und Ewigkeit werden wir alles verstehen und erkennen. Aber wir sind dem Geheimnis auf der Spur. Da wo wir Liebe spüren. Wo uns die Erinnerung an Verstorbene begleitet und wir wahrnehmen, sie sind ja nicht tot, sondern lebendig in unserer Erinnerung. Wenn wir das Kind in der Krippe sehen und ahnen: ja, das geht mich an und dich. Gott war auf dieser Welt und weiß ja, was Menschen umtreibt und quält, was sie freut und bewegt. Deshalb kann ich mich Gott anvertrauen. Gott ist an unserer Seite, heute und in Ewigkeit.

Wie immer es aussieht in meinem Herzen. Ob ich himmelhoch jauchzend bin vor Liebe. Oder ob ich Kummer habe, Sorgen, und nicht weiß, wie es weitergehen soll: Bei Gott bin ich aufgehoben. Gott sagt Ja zu mir, Gott liebt mich. Ich darf mich der Liebe Gottes anvertrauen. Ich spüre Liebe und ich kann lieben. Mein Leben macht Sinn. In dieser Welt und darüber hinaus. Wann immer wir das wahrnehmen können, sind wir dem Geheimnis des Glaubens auf der Spur.

Anmerkungen

Die Zitate im Text stammen aus folgenden Büchern:

Rose Ausländer, Und (Und Wiesen gibt es noch/…). Aus: dies., Wieder ein Tag aus Glut und Wind. Gedichte 1980–1982. © S. Fischer Verlag GmbH, Frankfurt am Main 1986

Die Bibel oder Die Heilige Schrift des Alten und Neuen Bundes. Vollständige deutsche Ausgabe, Freiburg 2005

Ernst Bloch, Das Prinzip Hoffnung, Frankfurt/M. 1959

Jochen Klepper, Unter dem Schatten deiner Flügel. Aus den Tagebüchern der Jahre 1932–1942, hg. v. Hildegard Klepper, Stuttgart 2005